倾听的技巧

陶　辉　林合欢 ⊙ 著

中国纺织出版社有限公司

内 容 提 要

英国管理学家威尔德说:"人际沟通始于聆听,终于回答。"没有积极的倾听,就没有有效的沟通。虚心倾听是获取知识与信息的重要手段之一,是人们建立和保持关系最基本的沟通技巧,也是一种心理策略。学习倾听的技巧,能帮助我们成为一个善解人意、会沟通的人。

本书围绕"倾听"展开,结合日常生活中的语言实例,告诉我们人际关系中倾听的重要性,并教会我们怎样在各种情境中更好地倾听他人说话,获取有价值的信息,获得他人的好感。阅读本书,相信你能很快提升自己的倾听能力和沟通能力,进而达成自己沟通的目的。

图书在版编目(CIP)数据

倾听的技巧 / 陶辉,林合欢著. -- 北京:中国纺织出版社有限公司,2025.4
ISBN 978-7-5229-1707-8

Ⅰ.①倾… Ⅱ.①陶… ②林… Ⅲ.①心理交往—通俗读物 Ⅳ.①C912.11-49

中国国家版本馆CIP数据核字(2024)第079035号

责任编辑:王 慧 责任校对:高 涵 责任印制:储志伟

中国纺织出版社有限公司出版发行
地址:北京市朝阳区百子湾东里A407号楼 邮政编码:100124
销售电话:010—67004422 传真:010—87155801
http://www.c-textilep.com
中国纺织出版社天猫旗舰店
官方微博 http://weibo.com/2119887771
天津千鹤文化传播有限公司印刷 各地新华书店经销
2025年4月第1版第1次印刷
开本:880×1230 1/32 印张:7
字数:128千字 定价:49.80元

　　"倾听"对我们意味着什么？我们曾经读过很多关于如何表达以实现有效沟通的书，但很少关注倾听。虽然听、说、读、写是人类高级认知能力，在现代社会中倾听是一项至关重要的技能，但是，却很少有人鼓励我们认真、用心地倾听他人。倾听有时比表达更为重要，无论是在电话里、微信里，还是面对面，我们都在表达自我。然而，"听"或许比"说"更有价值。尤其是在数字时代，我们比以往任何时候都更容易感受到社交孤立，难以寻找和建立真实、有深度的人际关系。缺乏有效倾听可能会带来矛盾冲突的硝烟、财富的损失、友谊的毁灭。倾听并不是简单地听到而已，因此很少有人真正知道如何正确地倾听、有效地倾听，或者说从哪里开始倾听。

　　两年前出版的《谈话的艺术》是对当今社会谈话现状的剖析，让大家知道如何从生活中发现问题、解决问题，从而实现轻松高效的表达。这本《倾听的技巧》是《谈话的艺术》的延伸，将告诉大家如何建立正确的倾听路径，因为学会倾听是谈话的开始，懂得倾听，才能成为谈话的"主导者"，倾听是一种态度，更是一种尊重。这两年，我与林合欢从社会学、心理学、认知科学、传播学四个维度研究倾听行为价值的意义与情感效应，收集了各行各业受访者的案例，详细阐述了倾听的重要性。

戴尔·卡耐基在其经典著作《人性的弱点》中有这样一句名言："懂得如何倾听，你人生的80%就会走向成功。"一般来说，比起善于表达的人，善于倾听的人更容易构筑起良好的人际关系。而不懂得倾听的人，他们往往是思想上的顽固者，高居"不受欢迎人士排行榜"的前列。而对于那些以自我为中心、根本听不进他人话的人，他们的人际关系更是岌岌可危，最重要的是，他们也失去了获取有益知识的重要途径。古希腊哲学家爱比克泰德就曾说过："大自然给了我们两只耳朵、一张嘴巴，好让我们听的比说的多一倍。"

因此，做一个好的倾听者，掌握重要的倾听技巧，不仅有助于化解分歧、消除误解、创建和谐友好的人际关系，还能从别人的言谈中获得关键和有效的信息。我们生活中随处可见大大小小关于口才与表达的相关培训课程，但很少或者从未有过教如何认真倾听的课程或相关专门活动。你可以攻读播音与主持方面的学历，或参加演讲协会来提升你的演讲能力，但关于倾听方面，你可能找不到相应的学历或培训。在职场、教育、销售等不同场景下如何掌握具体的倾听技巧进行有效地倾听，这就是我在本书中要阐述的全部内容。

你在阅读这本书时会发现，倾听不仅是听人们说话内容，还要关注他们说话时的场合、方式、语气、表情、情感以及他们讲的话如何在你心中产生深度共情。倾听不是在别人滔滔不绝的时候保持沉默。恰恰相反，很多时候你要在倾听时做出反应，并尽可能地引导对方清晰地表达想法，同时在此过程中亮明自己的观点。只要做好这一点并经过成熟的思考，你就可以通过倾听改变对周围人和世界的看法，还可以通过这种方式来提升智慧并建立有意义的人际关系，从而帮助我们在生活和工作中建立幸福感与成就感，让我们一起翻开这本书，一起倾听吧。

陶辉

2024年4月8日于首尔

第1章 倾听，为何如此神奇　　001

第2章 倾听是顺利沟通的前提　　027

第8章　销售，最好的语言是倾听　189

第 **1** 章

倾听，为何如此神奇

　　我们每个人都有两只耳朵与一张嘴，这就告诉我们要多听少说。然而，生活中真正做到了多听少说的人却不多，他们常常不自觉地诉说而忘记倾听，最主要的原因是他们不知道倾听的重要性。仔细倾听别人说话，是对别人的一种尊重、一种赞美。从被倾听者的角度来说，人人都有倾诉的欲望，都想要被认可和理解。因此，我们每个人在沟通的过程中，都要尽可能地让对方多说，给对方创造说话的机会，把自己变成以听为主的听众，这样才是真正地把握了话语主动权。

倾听能让人感受到被尊重和理解

在我们身边，可能你看到过这样的事例：一个男孩和女孩约会，结果男孩临时有事给耽误了，当他匆匆忙忙地赶到约会地点的时候，女孩非常地生气，她严厉地说："你怎么现在才来啊！"男孩一个劲地道歉，女孩不依不饶。男孩有些不高兴地说："我不是给你打过电话了吗？"见男孩辩解，女孩气呼呼地说："你说话不算话，你还是不是男人啊！"男孩狠狠地把为女孩买的冰糖葫芦砸在了地上，扬长而去。很显然，女孩的话严重地伤害了男孩的尊严。相反，在男孩迟到并给出解释时，如果女孩不咄咄逼人而是选择倾听的话，一定能让男孩感受到被理解，相信二人的爱情一定会有不一样的结局。

的确，心理学家指出，听是理解的前提。学会倾听别人的人，才能被别人接纳，才能掌握住交往的主动权。你给别人的尊重必然换回别人对你的肯定。

事实上，在我们的现实生活中，人们在与人沟通尤其是批评他人时，总是全然不顾对方的感受，以为言辞激烈就能让对方记住教训，实际上，他们在滔滔不绝数落对方的时候，已经深深刺痛了对方的自尊心，对方根本不会听进去任何一句话。为此，心理学家分析了这种现象：通常，人对受到的批评有一个"限度"，在这个限度之内，一般不会做出反抗，一旦超出这个限度，就会激起受批评者的反击。这个限度包括言语的激烈程度，批评时间的长短，对尊严和人格的伤害程度。基于人的这种心理，我们在说服他人、提出意见的时候，一定注意不要超过这个"限度"，要适当保护对方的情感，尊重他们的人格和尊严。

20世纪60年代的日本遭遇了经济危机，很多企业面临严重的困难，其中就有著名的松下电器。为此，松下决定调整整个销售体制，但这个提议遭到了所有人的反对。

随后，松下召开了集体会议，为的是倾听大家的想法。会议一开始，松下就说："今天我召集大家来这里，就是想知道各位对于改变当下的状况有什么具体的想法，请大家各抒己见吧。"

说完，松下就将那些原本持有反对意见的人都请出来发表意见，他则什么都不说，只是静静地坐着倾听。

直到所有人的发言都结束了，他才缓缓地站起来，开始陈述自己的意见，也就是新的销售体制和方法、推行目的等。当他说完以后，那些原本持反对观点的人居然都沉默了，接着，会场响起了热烈的掌声。

应该说，松下之所以能解决企业面临的经济问题，完全得益于这次召开的会议，而会议的成功也得益于他善于倾听。他把说话的机会交给这些下属，让他们感受到了被尊重，从而很快消除了反对者的不满，最终成功推行了自己的改革措施。

俗话说："树怕剥皮，人怕伤心。"人都有自尊心，我们与人交流，一定不可伤害别人的自尊，倾听是让对方感受到被尊重和理解的重要方法。为此，我们需要记住以下几点：

1.不要曲意逢迎那些位高权重的人

事实上，我们的生活中，确实有一些人，在与领导、老板或者重要人物交流时，会选择倾听，而对于普通人，则呼来喝去。很明显，这不是真正的尊重，而是曲意逢迎，势必会引起他人的不满。

2.不要冷落那些"不起眼"的人

我们的生活中有很多不起眼的人。比如，买早点时小摊上的老板娘、倒垃圾时看到的环卫工人、出小区门口时看到的保安等，这些人都是值得被尊重的。他们的工作看起来不起眼，但没有他们，我们的生活就无法进行。

3.把握分寸，凡事从"礼"出发

不管与什么样的人打交道，从"礼"出发，就能做到一碗水端平，不会有失偏颇。

以上就是我们在倾听时需要注意的几点，能做到这些的话，相信你就能处理好各方面的关系，不会有厚此薄彼之嫌。

人人都有表达的欲望

生活中，在与人沟通这一问题上，很多人存在一种心理误区，他们认为，说得多就是有口才的表现。因此，为了使他人接受自己的观点，他们总爱口若悬河。殊不知，无休止的话只会让别人反感。因为每个人都有表达的欲望，人人都想做谈话中的主角。多倾听、让对方多说，这样才是真正把握了话语主动权。

小刘在一家大型图书卖场工作，她很热爱自己的工作。不仅因为她在没事的时候可以看各种图书，还因为她为很多读者推荐了适合他们的书籍。

有一天，卖场来了一位30岁左右的男人，他的脚步停在一堆心理学书籍旁。这时候小刘走了过去，打招呼说："你好，先生，您是要购买关于心理学的书吗？"

客户回答说："我随便看看。"小刘知道这是客户不愿意跟自己说话，于是，她站在一旁，并没有多说什么。这位先生在心理学书籍书架旁翻阅了很久，不知道究竟买哪一本好，显得左右为难。此时，小刘觉得时机已经成熟，于是，她再次走过去，对那位先生说："先生，请问您想购买什么样的书呢？"

客户："我想买一些心理学的书看看，但是我不知道该买哪一本好。"

小刘："是啊，现在的心理学书太多了，不知道您购买心理学书籍是出于爱好，还是其他原因呢？"

客户："其实，我购买心理学书籍有很多因素，我本来就比较喜欢这类书籍。以前读书的时候错过了很多好书，现在想再买点这方面的书看，另外，我现在的工作也需要掌握一些心理学基础知识。但我对心理学知识是一窍不通。"

小刘："要是这样的话，我建议您买一些心理学基础知识的书，先了解一下，这本《心理学基础》就很不错。等您看完了基础再买别的吧，因为心理学非常难，买的书太难了，根本看不懂，还会给自己造成心理压力。"

最终，客户选了一本《心理学基础》，高兴地离开了。

我们发现，案例中的图书销售员小刘是个善于把握客户心理，找出客户真实需求的人。刚开始，在客户刚刚光临的时候，她热情地帮助客户却被拒绝后，她并没有继续"纠缠"客户，而是等客户真正需要帮助的时候再"出现"，在得到客户肯定的回答后，她开始一边倾听，一边引导客户继续说，进而逐渐让客户主动说出自己想购买的书籍类型，从而很好地帮助顾客做了决定，完成了销售的目的。

那么，具体来说，我们应该如何鼓励对方多说话，进而满足其表达的欲望呢？

1.集中精力，专心倾听

这是要达到良好沟通效果的基础。当然，要做到这一点，需要做足充分的准备。这不仅包括身体上的，还包括心理上的，在交谈中表现得无精打采、情绪消极，都会使得倾听收效甚微。

2.当对方诉说时不要随意打断

任何一个人，都不希望自己说话情绪正高的时候被人打断，一旦打断对方说话的积极性，那么，沟通可能就陷入瘫痪状态。无论你说什么，对方都很难听进去。

3.注意对方的反馈

所谓对方的反馈，指的是对方发出的、需要我们识别的信号。比如，对方的某些动作，摇头、皱眉等，都带有一定的含义，需要我们认真观察和感觉。在此之后，我们便能调整自己的话题，相反，如果我们没有识别出对方的这些信号，就会造成沟通障碍。

虽然大多数人认为说服口才就是拥有一副三寸不烂之舌，但我们不能忽视倾听的重要性。如果我们不善于倾听，就容易造成误解。更为严重的是会无法把握对方的真实需求，从而与对方的真实意图背道而驰。

当然，要想真正说服对方，最好还应在沟通前花费一定的时间和精力，对对方的具体情况进行研究，这样在说服过程中才能有的放矢。

倾听能表现你的涵养与诚心

生活中，我们强调口才与语言在沟通中的重要作用，但要想达到良好的沟通效果，滔滔不绝地表明自己的观点和立场是不够的。因为真正的沟通是双向的。不仅需要我们表达，还需要我们懂得倾听，这个看似小小的细节问题，不仅能体现我们的涵养如何，也能表明我们是否有诚心。

正如没人认为自己不会说话一样，几乎没有人认为自己不会倾听。可事实上，大多数人并不懂得有效倾听。某种意义上，交流有效与否往往更取决于听者而非说者，反过来说，失败的交流往往源自听者的疏忽。

有一次，在一档节目上，美国知名主持人林克莱特访问一名小朋友，提了一个很多大人都会问孩子的问题："你长大后想要做什么呀？"

小朋友天真地回答："嗯，我要当飞机驾驶员！"

林克莱特接着问："如果有一天，你驾驶飞机飞到了太平洋上空，但是发现飞机上的燃料都没了，引擎熄火了，此时，你会怎么办？"

小朋友认真思考了下，然后说："我会先告诉坐在飞机上的乘客绑好安全带，然后我挂上我的降落伞先跳出去。"

当在场的观众捧腹大笑时，林克莱特则继续注视着这孩子，想看他到底为什么会这样说。

没想到，接着孩子的两行热泪夺眶而出，林克莱特更加确信这位小朋友还有话要说。于是林克莱特问他："为什么要这么做？"小朋友的回答透露出一个孩子真挚的想法："我要去拿燃料，我还要回来！要救下飞机上的所有人！"

通过这个故事，你还认为自己真的明白倾听的艺术吗？你是不是常常半途打断对方的演讲，是不是又自以为是地进行反驳呢？积极倾听可以让对话的节奏舒缓下来。这样的对话为思想火花的迸发营造了空间。

沟通是双向的。我们并不是单纯地向别人灌输自己的思想，我们还应该学会积极地倾听。倾听是一种艺术，也是一种技巧。倾听需要专心，每个人都可以通过耐心地练习来发展这项能力。倾听是了解别人的重要途径，为了获得良好的效果，我们有必要了解一下倾听的艺术：

1.要有耐心

人们在表达的时候，可能会出现两种情况：首先，在通常情况下，谈话都是与心情有关的事情，因而一般可能会比较零散或混乱，观点不是那么突出或逻辑性不太强，鼓励对方把话说完，自然就能听懂全部的意思了。否则，自以为是地去理解并发表意见，反而会产生更加不好的效果。其次，别人对事物的观点和看法有可能是你无法接受的，如果伤害了你的某些感情，你可以不同意，但应试着去理解别人的心情和情绪。一定要耐心把话听完，才能达到倾听的目的。

2.要表示出诚意

真正的倾听不仅是带着一双耳朵，而是需要用心听的。也就说，如果你真的没有时间和精力，你可以客气地向对方提出来，这比你勉强去听或装着去听，而必然会表现出来的开小差给人的感觉要好得多。听就要真心真意地听，这对我们自己和对他人都是很有好处的，安排好自己的时间再去听他人谈话是一件很值得的事情。

3.要避免不良习惯

开小差，随意打断别人的谈话，借机把谈话主题引到自己的事情上，一心二用，任意地加入自己的观点并做出评论和表态等，都是很不尊重对方的表现，比不听别人谈话产生的效果更加恶劣，一定要避免。

4.适时进行鼓励和表示理解

谈话者往往都希望自己的经历受到理解和支持，因此在谈话中加入一些简短的语言，如"对的""是这样""你说得对"等或点头微笑表示理解，都能鼓励谈话者继续说下去，并引起共鸣。当然，仍然要以听为主，要面向说话者，用眼睛与谈话人的眼睛作沟通，或者用手势来回应谈话者的身体辅助语言。

5.适时作出反馈

准确地反馈会激励谈话人继续进行表达，对他有极大的鼓舞。反馈包括表示希望其重复刚才的意见，或用自己的语言概括对方的意思，请求确认，如"你刚才的意思我理解是……"但不准确的反馈则不利于谈话，因此要把握好。

诚恳的倾听态度，更能赢取信任和好感

我们都知道，人们之间的交往交流离不开语言，沟通中要想达到预期的目的和结果，很大程度上取决于语言的艺术的运用。孔子说："文质彬彬，然后君子。"说话人人都会，但语言显然有文粗雅俗之分。具备现代文明修养的我们，要想成功说服他人，就要在语言交流中彰显自己的谈吐水平，表现自己谦和的态度。相反，那些说话夸夸其谈、目中无人者是令人讨厌的。为此，我们可以说，说话的态度比口才更重要，而展现良好说话态度的最佳方式之一就是倾听。

心理学研究表明：情感引导行动。积极的情感，如谦和、大度等往往能产生理解、接纳、合作的行为效果；而消极的情感，如傲慢、无礼等，则会带来排斥和拒绝。所以，若是你想要人们相信你是对的、接纳你的观点，你首先就要学会倾听，让对方感受到你积极的情感。

某电话公司曾碰到一个凶狠的客户，这位客户对电话公司的有关工作人员破口大骂，威胁要拆毁电话。他拒绝支付某种电信费用，他说那是不公正的。他写信给报社，还向消费者协会提出申诉，到处告电话公司的状。电话公司为了解决这一麻烦，派了一位最善于沟通的调解员去会见这位惹是生非的人。

这位调解员静静地听着那位暴怒的客户大声地"申诉"，并对其表示同情，让他尽量把不满发泄出来。

3个小时过去了，调解员非常耐心静听着他的牢骚。此后，他还两次上门继续倾听他的不满和抱怨。当调解员再次上门去倾听他的牢骚时，那位已经息怒的客户把这位调解员当作最好的朋友看待了，并自愿把所有该付的费用都付清了。

这则故事中，调解员为什么能成功说服这位惹是生非的客户并与之成为好朋友呢？这是因为他动用了情感的力量，并利用了倾听的技巧，友善地疏导了暴怒客户的不满，于是这位凶狠的客户也变得通情达理了，矛盾冲突就这样彻底解决了。

那么，我们该如何在倾听中让对方感受到我们谦逊、诚恳的态度呢？

1.不要打断别人的谈话

任何人在讲话时都不希望被人打断，如果你这样做，会让对方产生不满或怀疑。认为你不识时务，水平低，见识浅；认为你讨厌，令人反感；认为你不尊重人，没有修养。

2.不要卖弄你的口才

即便意见不合，也不要与人争论，不要指责他人，更不要冷嘲热讽，甚至恶语伤人，而应语气委婉，做到求同存异，或尽量让对方接纳你的意见。

3.不可傲慢无礼

那些说话夸夸其谈、目中无人者是令人讨厌的，为此，我们要做到态度自然、轻松自在。

4.注意音量

与人交谈时，不要认为高声谈笑就是真实自然的表现，音量过大，不仅会影响到别人，让别人觉得刺耳，还是一种无礼的表现。因此，你说话应轻声轻语，声音大小以能让对方听清为宜。

5.用微笑感染他人

每个人生来都会微笑，但随着年龄的增长，随着生活压力的来临，我们逐渐忘记了这一本能，似乎我们总能找到让自己愁眉苦脸的理由，尤其在陌生的环境里，微笑最容易被我们忽略。

事实上，你如果能笑一笑，并让你的微笑活泼一点，那么，别人就会被你的真诚和快乐所感染。因此，当你接受过别人的帮助后，你不妨面带微笑地对他说声"谢谢"；清晨，当第一缕阳光照在你身上的时候，不妨对你的爱人说声"早安"；当你的同事升职后，你应该发自内心地对他说"恭喜你"。一旦你的言辞能自然而然地渗入真诚的情感，你就拥有引人注意的能力了。

当然，语言谦和也要把握好度的问题，说话只是表达思想，说明事情，没有必要靠语言来乞讨怜悯或掠取威严。你没必要唯恐别人不高兴，极力表现出毕恭毕敬的样子，唯唯诺诺、点头哈腰，堆砌一大堆客套话，其实这只会被人瞧不起，而盛气凌人、出口伤人，摆出一副傲慢的姿态，会令人敬而远之，或觉得这人不知天高地厚，浅薄之极。正确的方法是不卑不亢、客气大方、讲究实在、有理有节。

总之，在与人沟通的过程中，若我们能做到认真倾听、展现诚意，就可以使不认识的人对自己微笑，可以融化他人的疑虑、冷漠、拒绝，获取他人对自己的信任和好感。

倾听能帮助他人缓解心中压力

我们都知道，在人与人的交往中，语言是交流最直接的方式。说话是表达自我、宣泄内心的一个途径。如果我们认真地去倾听别人，就满足了对方宣泄压力的心理要求，那么，对方必定会对我们产生好印象。

一次，张婷去拜访一个客户。据说这个客户非常难缠，很多销售员都灰溜溜地被赶出来了。

所以，张婷这次去也没有抱太大的希望。当她敲开了这位客户的办公室的大门之后，客户对她非常的热情，又是端茶倒水，又是嘘寒问暖。这反倒让张婷有些不习惯。但毕竟客户是真心地关心她，因此张婷内心还是非常感动。

坐定之后，还没等张婷介绍产品呢，客户就开始说自己的家庭生活，妻子多么贤惠，孩子多么懂事。说到高兴处，客户眉飞色舞，手舞足蹈。而张婷只是静静地听着，偶尔点点头微笑一下，表示认可和肯定。

一小时过去了，两小时过去了，客户说完了家庭，又开始说事业。说这些年自己如何一步步地走来，经历了多少的艰难和困苦，是如何将公司一步步地做起来的。说到难过处，客户黯然泪下，张婷适当地说了几句安慰话。

整整三个多小时，客户一直都在不停地说，张婷只是静静地听着，偶尔问几个简单的问题。最后，客户说不动了，该倾诉的都倾诉了。他转过头来问张婷："你这次来的目的是什么啊？"

张婷将产品的介绍放到了桌子上，客户看了，二话没说，就下了订单。

从这个故事中我们可以了解到，客户需要的只是你的认真倾听，而不需要你说多少。事实上，生活在这个世界上的人，谁没有故事呢？遭遇了太多生活的磨难，总希望能够说出来，有人分担；获得了成功的喜悦，总希望有人来分享。任何人都有想要表达的欲望。只要你满足了对方的这种心理，别人就会觉得你善解人意，在交往当中，你无疑赢得了对方的心，掌握了主动权。

那么，我们该如何才能做一个好的倾听者呢？

1.要把说话权利让给别人

生活中，别人表面上在和你交流，其实是想满足自己的表达欲望，只是希望你能充当一个倾听者。这时候你一定要保持沉默，即使你不想听对方的那些陈芝麻烂谷子的事情，也要假装在倾听，这样对于别人来说就是莫大的尊重。因此，要想掌握交往的主动权，那么就要把说话权让给对方，让对方的表达欲得到最大限度的满足，从而对你有好感。

2.用点头来表达肯定对方

交流的双方都希望对方能倾听自己，肯定自己。尽管你可能并不赞同他的一些想法和看法。但是对他来说，因为你没有反驳和辩解，所以他认定你是支持和肯定他的。因此，要想获得他人的好感，就要通过不断点头来肯定对方的说法具有一定的合理性。

3.眼睛要认真注视着对方

人与人之间的交流是从心开始的，而眼睛又是心灵的窗户。所以双方的交流基本上是用眼神。在倾听别人说话的时候，一定要用眼睛注视着对方，这样会让对方觉得你在认真地倾听，从而感受到你内心的那份真诚。当然还要注意了，在对方高兴的时候，一定要随着别人用眼神将快乐表现出来，当别人哀伤的时候，要把那种悲伤表现出来。这样会让别人觉得你是在陪着他快乐和哀伤。

4.时常重复得到对方确认

人与人之间的交流是个互动的过程，同样别人在倾诉的时候，也会希望你能够参与进来。所以，在倾听别人说话的同时，要时不时地重复对方的话，并求得他人的肯定，这样不但能表达你在认真地倾听，而且还可以借着这个机会把自己没有听明白的话弄明白。以免对方突然问你的意见，你回答不上来，或者回答错误，让对方心情大受影响。

倾听是避免家庭矛盾产生的重要方法

夫妻、恋人在一起相处，难免会产生一些意见不合的时候，但只要处理得当，很快便能和好如初。这里的方法莫过于倾听对方内心的想法，因为倾听是一种尊重的表现，更是缓和彼此情绪的重要方法。相反，如果处理方法不当，各抒己见，互不相让，问题没有解决，反而又进入"你不理我，我不理你"的冷战状态，这是婚姻、爱情中的大忌。再者，长期冷战会导致双方情绪处于压抑和愤懑状态，久而久之，对身心健康也是百害而无一利的。

因此，你要明白，当你与爱人出现意见不合的时候，懂得倾听是避免家庭矛盾产生的重要一环。我们先来看看下面这位女士与丈夫的沟通经历：

"昨儿跟老公吵了架，又是为了一些鸡毛蒜皮的小事儿。我俩挺奇怪的，遇到大事，都会为对方着想，可却会因为一些小事闹别扭。也许这样算是恩爱，多少夫妻平常看起来磕磕绊绊，但真遇到大事情终究也是齐心协力、不离不弃。但未必小事不会被吵成大事，又有多少夫妻不是在鸡毛蒜皮的小事里分崩离析的？

"跟老公吵架，其实都不能算是吵架，因为几乎没有互动。我话太多了，对方往往只能顶我几句就默不作声了。而之后，我最起码要说上八九句才算了事，迫不得已的时候我还要自问自答。八九句可能还是不解气，主要是因为没有互动，对方已经躺床上蒙着被子睡去了，于是我索性也挤到被子里去。对方没动静，我则仍然不解气，用胳膊肘捅对方的后腰，补充道：'今天不做饭了，你自己看着办。'

"我想对方大概也是有点生气了，因为他什么都没说。于是乎，望着对方的背，我开始反省，老公的脾气真是好，无论我说什么，他总是包容我，即使吵架，他也只是生气，从不顶嘴；平时家里所有的衣服也都是他洗；每月的工资都交给我，这样的老公哪里找？

"于是，冷静了个把钟头，我灰溜溜地从被窝里爬出来，到厨房里烧饭去了。

"我把饭烧好了，闷在锅里，自己看电视，冷眼看对方起床。老公从锅里把饭端出来大口吃，与我说话我也不搭理，顺势给上几个白眼，对方不还，我也就算是占了上风。

"两个人闷头过上几个小时，单看电视不说话，遥控器在我手里，我看啥他看啥。我实在憋不住了，勾上对方脖子撒娇，说道：'我错了。'

"'真错了？'

"'真错了！'

"'错在哪里？'

"'每次，我都只顾说自己的观点，忘了倾听你内心的感受。'"

……

估计这样的场景每对夫妻都遇到过，并且是温馨的、甜蜜的，案例中的女人也是聪明的、知进退的，她认识到自己在与丈夫沟通过程中存在的问题：她剥夺了丈夫的发言权，让对方只有默不作声的余地。然而，生活中，有多少人能发现这一问题呢？

因此，我们必须明白一点，沟通是为了解决问题而不是一争高下，很多时候，那些看似精明、能说会道的人往往会让情况更糟糕，因为他们不懂得倾听。

那么，在与丈夫争吵后，女人该如何缓和夫妻关系呢？

1.请对方说出内心感受

生活中，最怕的不是吵架，而是冷战，因为双方若都不开口，那么，问题永远都解决不了。因此，你不妨主动一点："能告诉我为什么那样想吗？"当然，你还需要注意询问的语气，不能是咄咄逼人的。

2.全神贯注

好的倾听者可以让对方产生安全感——让他知道你真心愿意听他诉说。这并不意味一定要遵循"不打断对方"或"保持眼神接触"。关键是你的注意力必须完全放在对方身上，倾听时不要做任何无关的事情。

3.表达认同

倾听后，你应该理解对方的情绪，比如，丈夫为什么总是想找朋友喝酒？为什么会喝到这么晚才回家？了解丈夫的立场和处境后，你可以用理解的口吻向对方表达："我知道在那种愉快的气氛下，你很难拒绝朋友的邀约"，或是"下次碰到这样让你为难的处境，你也许可以打电话跟我讨论一下"等。

当然，当你心情不痛快、感到压抑的时候，不要硬扛着，也要及时向爱人倾诉，把心里的郁闷、烦恼说出来，这是保持自己心理健康的一种积极行动，也是让自己的婚姻、爱情幸福起来的最佳途径。

亲密关系中，适时沉默是一种信任和支持

在亲密关系中，两个人因彼此熟悉、了解，总希望能掌控对方的所有，如此才有安全感，这一点在女性身上尤为明显。然而，任何人都有自己的隐私或不愿提及的苦衷，如果我们能在某些情况下保持沉默、学会倾听，这对爱人来说，可能是莫大的欣慰。有时候，爱人不想回答，是因为他有难以启齿的苦衷，你又何必苦苦相逼呢？

的确，男女之间互相信任，不分彼此是亲密关系的体现。但作为女性，不追问某些问题，更是一种对他的信任，他会感激你的善解人意。

吴女士有个幸福的家庭，这些年，她经营自己的服装店，丈夫开了一家工厂，全家日子过得红红火火，吴女士手上也存了不少钱。但她对丈夫的事业从不过问，第一，她不懂丈夫的行业；第二，她充分信任丈夫。

这天，恰逢她和丈夫结婚十周年，她早早地关了店门，买了蛋糕，买了菜，回家做了满满一桌子菜，等待丈夫早点回来。她特地没有提醒丈夫今天这个特殊的日子，因为她知道丈夫一定记得，每年这天，她都会收到丈夫的玫瑰花。

时间一分一秒地过去，丈夫并没有回来。她看着手机，等

待丈夫的电话，但也没有。到了十二点多，当她准备收拾饭菜时，门开了，丈夫推门进来了，不，这分明是一个醉汉！出了什么事？平时那个意气风发的丈夫怎么喝了这么多酒？吴女士揣测着，但她并没有问。

"老婆，对不起，我记得今天的日子，但我心情实在不好，对不起……"

"没事的，明年再过也行啊。"她安慰丈夫道，她知道这个男人肯定遇到了什么难过去的坎儿，她等待着丈夫自己说。

"老婆，你能不能先把你的五十万拿给我……"五十万？这是一个不小的数字，是吴女士这么多年的存款！但吴女士明白，丈夫是个要强的人，从没在自己这里拿过一分钱，他既然开口，肯定是不得已的，因此，她赶紧说："当然可以，我们是夫妻，这么多年了，还说这么见外的话。"

当她把银行卡拿给丈夫的时候，丈夫一把抱住了她。他很庆幸，自己娶了个好女人。

一个星期后，丈夫把那张卡拿给她："老婆，谢谢你，现在这些钱还给你。"她收下了这笔钱。

"你不问问我拿你这些钱去干什么了？"丈夫很好奇。

"我相信你，你跟我开口，肯定遇到了什么难处，我相信你能做到，你看，今天我的愿望不是实现了吗？"

"看来，我们彼此都没找错人，哈哈……前几天，工厂副总拿着公司的钱走了，我到处筹钱，就差五十万，当时想到了你……"

　　这则案例中的吴女士就是个善解人意的女人，在丈夫向自己求助的时候，他并没有追问丈夫拿钱的原因，因为她明白，丈夫必定有不愿意说出来的原因——一个男人，事业出现问题，是不愿意告诉妻子的，这是一种失败的体现。

　　可是生活中的很多人，却并不能体会爱人的心情，他们似乎总是在发挥自己的口才，喋喋不休地问爱人为什么，然而，你想过没？既然对方不愿意告诉你，必然是有其苦衷的，那么，何不尊重对方呢？

第 2 章

倾听是顺利沟通的前提

古人云："听君一席话，胜读十年书"，在现代交际中，倾听的作用尤为重要。倾听，是人们建立和保持关系的一项最基本的沟通技巧，也是一种心理策略。英国管理学家威尔德说："人际沟通始于聆听，终于回答。"没有积极的倾听，就没有有效的沟通。"听"，是顺利沟通的前提，那么，我们该如何将倾听运用到人际沟通中呢？带着这一问题，我们来看本章的内容。

高效沟通，从积极倾听开始

生活中，我们强调口才与语言在沟通中的重要作用，但要想达到良好的沟通效果，滔滔不绝地表明自己的观点和立场是不够的，因为真正的沟通是双向的，不仅需要我们能够表达，还需要我们懂得倾听。从心理学的角度看，人与人之间的语言交流，如果只是流于表面，是毫无意义的，每个人都有倾诉的心理需求，如果我们能满足对方的这一心理需求，在沟通前多倾听，那么我们就掌握了高效沟通的技巧。

然而，我们经常能见到有人眉飞色舞、手舞足蹈、口若悬河、滔滔不绝，他们只在乎自己的主观需求，只在意自己说什么，却从来不考虑他人是否感兴趣，能否忍受。当听众已经有了多次不耐之举，自己却还沉浸在表达的快感中毫无察觉，此时多么失礼！其实，并不是我们能说，就能赢得人气指数，恰恰相反，一旦超出了正常的倾诉限度，就会适得其反了。

杨兰是部门新上任的主管。公司按例每月要开中高层会议，商议一些事宜，可能这样的会议早已经数见不鲜，大多数领导人已经把这种会议当成一种走形式，都无所谓有无所谓无的。杨兰第一次参加这样的会议，不免准备充分，带上了纸笔，和她一起参加的，也有一些和她一起上任的新主管，看着杨兰正襟危坐的样子，不禁都笑了。

这次主持会议的是董事长的得力助手。会议商讨的是公司的一些人事变动问题，其实，这类问题讨论也已经不是第一次了，无非是各个部门之间的一些主管、小领导之间职位的变更，大家都听厌了，只等通知就是，可是杨兰坐在后排，居然把这些人事变更的名字都记下了，这被主持会议的董事长助手看在眼里了。散会后，他让杨兰留了下来。

"为什么会上大家都无所谓，你却记下了这些名字呢？"

"因为，我觉得工作中一定要细心，我刚上任，以后肯定会麻烦这些前辈和领导，记下他们的名字才不会出错。"杨兰如实回答。

"小姑娘真的很细心啊，我们现在工作的状况是，很多人都倚老卖老，董事长每次让我开会，我都是硬着头皮去的，那帮人不把我放在眼里，我是有苦说不出啊。"说完，他长叹了一口气。

"这种会议的确不好开啊，毕竟与会的都是一些老将。不知当说不当说，其实，如果您尝试一些新的会议模式，倒是能激发大家的兴趣，比如……"董事长助手听完后，觉得十分有道理，就采纳了杨兰的建议。果然，每月的例会有生机了，而在董事长助手的大力推荐下，杨兰很快升到了部门经理的职位。

的确，任何一个人，都是希望能够得到尊重和支持的，因此对于愿意认真倾听自己说话的人，人们一般也会对其产生好感，杨兰就是这样获得董事长助手的器重的。董事长助手这个职位看似不重要，但能和董事长直接对上话，这就是为什么他能帮助杨兰成功升职。

因此，我们需要明白的是，倾听是对别人最好的尊敬，专心地听别人讲话，是你所能给予别人的最有效、也是最好的赞美。不管说话者是上司还是下属，倾听的功效都是同样的。当然，你还必须掌握倾听的艺术：

1.积极配合，表现出感兴趣的状态

在对方有意与你进行沟通时，你要表现出你对他的谈话感兴趣，要积极配合对方的言论，要用积极的目光注视着对方，在他讲述的过程中适时点点头。另外，不要总是看表、翻阅文件，更不要拿着笔乱画乱写。对他言语中你不明白的地方适时向他提问，这样会让他认为你在关注他的话，你在重视他的言论，会增强的他的分享欲，他会乐意向你提供更多的信息，你在此沟通过程中也准确、完整地得到了他想传播的信息。

2.适时给予反馈

沟通是双向的，只顾倾听，只是满足了对方倾诉的愿望，而他还没有感觉到被回馈，只有满足他的这一愿望，才能表明你用心了，真正考虑到了他的感受。为此你可以做到：

如果对方在演讲，演讲结束后你就要给予掌声。如果对方相邀去吃饭，你要主动相陪。如果是日常闲聊，对方谈及自己的过往经历，你可以这样回复他："能够听到您的人生经验是我最大的幸福！"这些话会成为和对方沟通最好的润滑剂。

3.肯定对方的感受和想法

无论在倾听的时候，还是反馈意见的时候，你都要肯定对方的感受，这是互赠情谊的基础，如果领导性情不好，与你阐述观点，却遭到你的反驳，那无异于火上浇油，一发不可收拾。

即使对方谈的都是一些老调，也要做倾听状，时而给予肯定或由衷的赞美，而不应有一丝不耐烦的神态。

积极倾听可以让对话的节奏舒缓下来。这样的对话为思想火花的迸发营造了空间。没有积极的倾听，就没有有效的沟通。

给予认同，是让对方向你倾诉的前提

生活中有这样一些人，他们对于别人所提出的方式、方法或是大大小小的解决方案，在还没有弄懂人家的真实想法时，就这也批评那也指责，甚至进行人身攻击式的全面否定，而很明显，这些人是被排除在"人际关系良好者"之列的，甚至招人厌恶。因为人人都有渴望被认同的心理，否定他人，无疑也就是否定了自己，因为不得人心的人际关系就是失败的。

事实上，在这个强竞争、高压力的社会中，很多人认为自己不被他人理解，最重要的一点就是找不到属于自己的听众，也就不愿意倾诉。因此，如果你希望对方向你敞开心扉，那么，与人沟通时，你就要贴心点，多给予对方认同，使对方心情愉快，就会换来对方的理解和信任。

小李和小张都在一家软件公司工作，她们的实力一直不相上下。

一次，在公司召开的销售大会上面，小李谈了一些自己对当前软件销售前景的看法，并提了一些具体的建议，而这些建议与小张一向采取的销售策略和主张都是截然不同的，小张自然很生气。心直口快的小张丝毫不隐瞒自己的观点，在会上慷慨激昂地进行反驳，借助她对市场调查得来的第一手资料，说得小李面红耳赤，哑口无言。

事后，小李一直怀恨在心，慢慢地，她把小张当成敌人，始终疏远小张。因为无法形成合力，两个人的工作都没有什么大的起色。

这次会上，小张为逞一时之快，实话实说，否定了小李的观点，让小李丢了颜面，结果导致两个人的工作都难以顺利开展。

的确，人们都有这样的感觉：与志趣相投的人谈话其乐无穷，与志趣相异的人谈话则会感到"话不投机半句多"，也就是说，人们都喜欢交谈时对方能认同自己的人。出于人们的这一心理，在交谈时，你就要多肯定对方，让对方感到你与他志趣相投，这样对方一定乐意向你倾诉。

可见，巧妙地处理人际关系，最重要的一点就是掌握"认同别人"这一说话艺术。那么，我们在与他人认识说话中，怎样运用"认同别人"这一艺术呢？

1.要有认同的态度

如果你根本不认同对方的观点，那么，切不可虚伪作态。因为这样，你的一言一行都是假惺惺的，你自己都无法说服自己，又怎么能说服别人呢？

2.当你认同别人时，一定要表达出来

不要指望对方能感受得到你的暗示，要让他们知道你赞同他们的意见，不妨直接说出来，如"我同意您的说法"或"您说得很对，我完全赞同""我认为您的看法很好"。

3.不认同时多倾听，但也不要直接表示反对

直接反对只会导致双方的争执，与人产生矛盾时，你会失去很多。所以，请不要轻易否定别人，除非不得不这样做。

4.避免与人争论

人际关系中最忌讳的就是与人争论，因为没有人能从争论中获胜，也没有人会从争论中赢得朋友。即使你是对的，也不要争论，这不是解决问题的最好办法，请务必记住这一点。

5.发现对方见解的独到性

盲目地否定别人的意见，许多时候只是出于对别人的排斥。如果能够做到理解别人、体贴别人，就能少一分盲目。

因此，我们要善于发现别人见解的独到性，只有这样，才能多角度地看问题，就不会固定在某一个立场上。因此，无论何时都要注意，别听到不同的观点就怒不可遏。

当然，认同他人并不是毫无原则的，一味地逢迎，反倒会引起别人的反感。因此，我们要把握好说话的分寸，知道什么该说，什么不该说，该说的时候说得恰到好处，你的话才不会惹恼他人，你才会有良好的人际关系。

人们喜欢肯定他们的人，而不喜欢反对他们的人。从今以后，请积极地认同别人吧！只要你懂得并善于运用认同的艺术，你就会成为一个受人欢迎的人。

话留三分，给他人表现的机会

中国有句俗话："话到嘴边留三分。"的确，在沟通中，我们切不可占尽先机，而应把重要的话留三分，给他人表现的机会，让其说出关键点。这样，对方会从心里感激我们给他表现机会，进而对我们产生好感。法国哲学家拉·罗切福考尔德说过："如果你希望得到敌人，就超过你身边的人；但若想得到朋友，就让他们超过你吧。"为什么这么说？因为从心理的角度看，当朋友超过我们时，他们便充满了成就感；但情况若是相反，他们可能会深感羞耻并充满嫉妒。与人说话同样是这个道理，让他人充满成就感，能使我们结交友谊，掌握交际的主动权。我们来看看下面的故事。

有一次，纽约报纸的财经专页上刊登了一则大型招聘广告，某家公司需要招一名有特殊经历和能力的人，一位叫卡贝利斯的年轻人在看到广告后，向这家公司寄去了简历。几天后，他接到一封面试邀请信，面试前，他花费几小时的时间在华尔街寻找这家公司创始人的一切消息。

面试开始了，他从容不迫地说："我非常庆幸自己能够和贵司合作。据我了解，贵司成立于28年前。当时只有一间办公室和一名速记员，对吗？"

几乎所有的成功人士都喜欢回忆创业之初的情景。这位老板也不例外，他花了很长时间来谈论自己如何以450美元现金和一个原始的想法创业，并如何战胜了挫折和嘲笑。他每天工作16~18小时，节假日也不休息，最终战胜了所有的对手，现在华尔街最知名的总裁也要到这里来获取信息和指导，他为此深感自豪，而这段辉煌经历也的确值得回忆，他有资格为此骄傲。最后，他简要地询问了卡贝利斯的经历，然后叫来副总裁说："这就是我们公司需要的人才。"

卡贝利斯之所以会应聘成功，是因为他掌握了一些成功人士的心理，那就是，成功人士都喜欢回忆自己的过去，并希望得到他人的敬仰。掌握这一心理后，他研究了老板的成就，表现出对他的强烈兴趣，他还鼓励对方更多地谈论自己，而这一切都给老板留下了美好的印象。试想，如果他只顾自己陈述老板的创业史，即使语言再精彩，恐怕也只会让对方觉得他只是个很好的演说家，而不是"他们需要的人"。所以，如果你想赢得朋友，就请记住：给他人说话的机会，把重要的话让给对方说。

那么，在沟通中，我们该如何引导对方自我表现呢？

1.提问法

我们要想把表现的机会让给别人，就要为别人创造说话的契机，而提问是一种很好的引导法。就像故事中的卡贝利斯问："当时只有一间办公室和一名速记员，对吗？"面对这一提问，对方一般都会顺着问话者的思路回答问题。

2.做倾听者，不要打断别人说话

沟通中，我们可能会不同意别人的观点，这时你也许很想打断他，但是最好不要这样做。人们在自己还有一大堆意见要发表的时候，是不会注意到你的，所以要保持开阔的心胸耐心听下去，并诚恳地鼓励他人把意见完整地表达出来。

这种方法在商业中同样适用。下面是一个使用此方法的销售代表的故事。

美国最大的汽车制造公司要购置一年用的装饰织物，对厂家来说，这是一笔大订单，于是，3个重要生产厂家都提供了自己的织物样品。

汽车公司进行了检验并发出通知，每家公司都有机会派一名业务代表为最后的争取成交做出陈述。

其中一个厂家的销售代表S先生，那段时间喉炎犯了，而到了陈述这天，已经严重到说不出话来。

这天，他被带进一间屋内，发现里面坐着纺织品工程师、销售代理、营销总监以及公司总裁。

他站起身来，费劲地想要说话，但也只能发出沙哑的声音，于是他在便签上写道：先生们，我嗓子哑了，无法说话。

此时，总裁说："我可以替你说话。"说完，这名总裁就把S先生的样品陈列出来并逐一说明其优点，一场关于产品品质的生动讨论就此展开。总裁既然是替S先生说话，很自然站在了S先生这一边，而S先生做的只是微笑、点头和打一些手势。

这场特别会议的结果是S先生赢得了合同，订单总价值160万美元，而这是这位销售代表迄今为止拿到的最大订单。

从这个故事中，我们假想一下，如果这位销售代表没有失声，则很可能会失去这份合同。可见，让他人讲话的回报竟是如此丰厚。

3.寻求帮助法

我们在与人说话的时候，不要显得无所不知。关键时候，你不妨对对方说："这个问题我还真不清楚，您能帮我跟大家解释一下吗？"很明显，这样一说，话语权就交到了对方手里。同时，让对方说话也能体现对方的能力，这是变相地给对方增光添彩。

一位英国人曾经说过："一个人在世界上可以有许多事业，只要他愿意让别人替他受赏。"我们与人交往也是这个道理，说话留三分，让他人说出关键点，给他人表现的机会，就会在别人心中留下好印象，这种做法有利于长远的利益和奋斗目标。

认真倾听，判明局势后再发言

"言多必失，祸从口出"这句话是很有道理的。很多情况下，滔滔不绝时很容易说错话，轻则无法如愿以偿，重则招来祸患。在封建社会，诸多大臣们胆战心惊、如履薄冰地陪伴在皇帝身边，为了保住性命，是绝对不敢不听、不分辨就直言进谏的。皇帝动怒可是要掉脑袋的，因此，他们最有效的办法就是闭口不言。他们在任何情况下，都先侧耳倾听，判断局势，再小心谨慎地发表看法，甚至选择明哲保身，什么也不说。

当然，这种战战兢兢、随时可能丢了性命的情况在现代社会已经不存在了，我们是可以畅所欲言的。然而，在与人交往的过程中，要想把话说到他人心里去，我们依然应该谨言慎行，多倾听才能避免言多必失。很多人都觉得语言是最有力的表达，殊不知，在特定情况下，倾听是更有力的无声语言。正所谓，聪明人凭借经验说话，充满智慧的人却凭借经验选择不说话。由此可见，不说话比说话需要更大的智慧。很多人说话都是抢着说，实际上，在没有把握达到最好表达效果的情况下，倾听是更好的选择。因为通过倾听，我们可以更加了解他人，也可以判明局势，从而实现更有效的表达。

作为刚刚调到新学校担任校长的老张，他对学校的情况还不太了解。这天中午，教导处主任来问他："张校长，县里要举行优秀教师去外地学校参观学习的活动，我们学校派谁去呢？"对此，老张毫无经验。因为他既不了解老师，也不知道以往的惯例。然而，老张很聪明，他马上回问教导主任："有两个名额，您觉得派谁去合适呢？"

教导主任看到新校长如此谦虚，居然主动征求他的意见，因而非常认真地思考了一会儿，才说："王老师虽然是学校的优秀标兵，但是她去年已经参加过这样的活动了。我觉得，这种机会应该分散开来，鼓励不同的老师。不过呢，也不能都顾着老教师，毕竟年轻教师也是需要鼓励的。所以，这次的两个名额，我建议让经验丰富的杜老师和作为青年教师尖兵的马老师去。您觉得行吗？"

老张觉得教导主任说得很有道理，因而连连点头，说："您思路清晰，对学校情况也很了解，所以就按您说的办吧。您去通知他们吧！"看到新校长如此尊重和器重自己，教导主任非常高兴。

在这件事情中，老张处理的方式非常巧妙。不但把问题推给教导主任解决，还给足了教导主任面子，最终不但解决了问题，而且让教导主任很高兴。老张的办法实际上很简单，就是倾听和采纳。如果不是采取这样的方式，而是费心劳神地再去了解每位教师的表现，显然是不可能一步到位的。老张的明智之处就在于他很擅长倾听，也给予了教导主任足够的信任。如此一举数得的方法，实在是非常巧妙的。

与人交谈时，凝神倾听、给予他人反馈是非常好的沟通方法。倾听意味着你非常尊重对方，也很在乎对方的意见、看法和感受，因此对方会更加慎重真诚地对待与你的谈话，这远比一味地倾诉更好。

倾听的时候，我们应该目视对方，在恰当的时候还应与对方展开目光的交流，从而更好地与对方互动。需要注意的是，在刚开始谈话时，应该以倾听为主，在倾听的过程中不要随意提问，也不要打断他人的诉说，否则会被视为不礼貌，也会影响对方的谈兴。

鼓励对方多说，更能掌握话语主动权

生活中，在与人沟通这一问题上，很多人存在心理误区。他们认为，说得多就是有口才的表现，同时，为了使他人接受自己的观点，他们总爱夸夸其谈。殊不知，无休止地说话只会让别人反感。我们真正要做的，是尽可能多地让对方说，给对方创造说话的机会，把自己变成以听为主的听众，给对方呼应或赞成，助其深入，或让他告诉你他认为什么是正确的，这样才是把握了真正的话语主动权。因此，让对方多说话，并不会让我们丧失交流的机会，反而会有助于我们达到沟通的目的。

曾经有一名法官，他是个善于倾听他人说话的人，在他调解纠纷时，人们总是愿意听取他的意见。

一次，一位老作家和一家出版社因为报酬问题出现了纠纷，闹上了法庭。根据案情，法官认为打官司对双方，特别是对老作家不利，因为打官司费钱又费力。他多次建议双方调解，都没有效果。老作家对出版社怨气很大，但他是个法盲，开庭时只是反复就一两个问题进行阐述。尽管他遣词造句与他的职业很匹配——颇具诗歌或散文的味道，可车轱辘话谁听着都烦。旁听席上渐渐有人打起瞌睡，有人起身离去。可法官一直静静听着，不打断老作家的话。

庭审进行了3个多小时，直到双方无话可说，法官才又向双方解释了出版合同的法律规定，指出双方在合同履行中的不当之处，并再次提出调解的建议和基本方案。

老作家听完法官的话，半晌没说话。最后，他突然表示愿意接受调解。

"法官大人，矛盾发生以后，你是第一个完完整整听完我讲话的人。"老作家诚恳地说，"你对我的尊重让我信任你，你说怎么办就怎么办。"

这则故事中的这名法官，就是个善于通过倾听解决问题的人。表面上看，一直是老作家在滔滔不绝，法官一直静静地听着，但最终，老作家却因为感受到了来自法官的尊重而接受调解，这就是法官所要达到的沟通结果。

但事实上，并不是所有人都能做到和法官一样，多给他人说的机会。关于如何更好地倾听，鼓励对方多说，以把握沟通的主动权，有如下一些技巧。

1.提问

对方说话时，原则上不要去打断，不过可以适时地提问，比一味地点头称是更为有效。一个好的听者既不怕承认自己的无知，也不怕向说者提问，因为他知道这样不但会帮说者理出头绪，而且会使谈话更具体生动。

可以提些诸如"你认为这就是问题所在吗""你的意思是……""我还是不大明白，您能说得再详细点吗"等问题。这些提问有助于你获得更多信息，并理解各个方面。

2.中立

像"嗯"和"真有意思"这样的中性评价性语言能表示出你正在认真听，且对对方说的话很感兴趣，能让对方在获得鼓励后继续说下去，这是最难的技巧之一，因为这要求你真正跟上对方的思路。

3.重复

我们可以用"在我看来，你的意思是……""你是说……"及"所以你认为……"等句式表明你在倾听，并明白对方的意思。重复的重要性在于让你尽早发现有无曲解对方。

4.总结

试着用"你的主要意思是……"和"如果我的理解没错的话，你认为……"等说法。不要第一个下结论，先听他人的结论可能更不易犯错。

谈话不是演讲，不是个人表演的独角戏，而是双方交流的活动。有了上述技巧，你就会发现倾听别人讲话也是其乐无穷。

无论如何，别试图打断对方的谈话

生活中，我们与他人沟通，最终目的都是达到情感上的共鸣、获得对方的认同。认真倾听不仅能把握对方说话的要旨，还能让对方感受到尊重。然而，在倾听他人说话的过程中，难免出现意见不统一的情况，此时，你可能很想打断他、纠正他，但千万不要那样做，因为此时他不仅不会听进去，还会对你产生负面的情绪，你要做的就是耐心倾听，鼓励他多说。等对方说完以后，你再表达自己的意见，这样，对方会明显有一种被尊重的感觉。同样，对方也会以尊重来回馈你。

小马是一家知名杂志社的编辑，正儿八经的工作能力没多少，倒是很会拍马屁，只要是个领导，他见着了都点头哈腰的。这一点，单位很多人看不惯。

有一天，小马早上来单位上班，他远远地看见主编走在前面，便一个箭步冲过去，和主编搭起话来，刚好手上有刚买的早餐，就说："李主编。这是我一大早在早餐店排队买的，还是热的，您趁热吃吧。"主编一看这人这么殷勤，也就接受了。为了避免尴尬，主编也就和他说起话来。

小马为能和主编这么近距离地聊天暗喜了很久。上午十点，编辑部临时决定开个会议进行工作总结，全体人员必须参加。小马想，主编在会上肯定会夸奖自己。

"近些日子来，编辑部有些同志的表现很好，这些同志是……"名单里居然没有小马的名字，小马认为，肯定是主编还不知道自己的名字，于是，他大声地说："我叫小马。"主编觉得很莫名其妙，他想起早上早餐的事情，明白了原来这个人这么不知轻重。

"下面我宣布一下这次被分到户外采风的名单……"念完名单，主编加上了一句："对了，那个小马，我看你沟通能力很好，跟当地的那些居民应该能和睦相处，你也去吧。"小马一听，真是暗暗叫苦。

案例中的小马可以说是偷鸡不成蚀把米，赔了夫人又折兵，原想让领导夸赞自己一番，于是提醒了一下领导，结果遭到领导的反感。

其实，现实工作中这样的人大有人在，为了多得点好处，想升官、要待遇，其实也不见得有什么真才实学，就是总在领导眼前"晃悠"。但我们从小马那儿得到一个教训，无论怎样，不要打断他人说话，即使提醒对方，也不要当着众人的面。

同样，我们与人沟通中，在倾听他人说话时，也要收起自己想要表达的欲望，哪怕遇到意见不同的地方，也不要着急指出来而让对方下不来台。

为此，我们需要注意以下几点。

1.用心听、提高自己听的能力

会听的人并不只是用耳朵听，而是用心去听，把事情的条理听清楚，把细枝末节都听明白，这样才能听清楚领导在讲什么。在沟通时，只有把对方的话听懂、听透、想明白，把自己想说的意思在心里厘清，才能达到真正的交流目的。

2.反馈要选择好时机

没有反馈的倾听是无效的，在倾听一段时间后，对对方进行准确的反馈是促进谈话的有效方法。例如，对于你没有听清楚的问题，你可以这样提问"你刚才的意思或理解是……"当然，反馈一定要准确，不准确的反馈则不利于谈话，因此要把握好。

3.提高自己的素质，改变总想反驳他人的习惯

心理学家指出，越是认知不足的人，越喜欢反驳他人，这类人常常喜欢打断他人的谈话。因此，与人沟通时，如果我们站的角度高一些，更能理解对方的意图，反而能包容对方与自己意见不同的地方。

在说话前，只要你用谦和的态度，懂得倾听，并以话语诱导对方，让对方产生一种被尊重感和优越感，你便能成功攻克对方的心理防线，你要办的事情也往往会柳暗花明。

倾听也不能傻听，还要懂得询问和反馈

我们都知道，沟通无论出于什么目的，要顺利达到自己的目标，就得掌握人性的奥妙，并通过语言成功操纵对方的心理。如果我们能在说话前先倾听，找到对方的需求，那么，对方便会自发认同我们。"万言万当，不如一默"，意思是人说一万句话，哪怕全部是正确的，也不如沉默，由此可见倾听的重要性。但我们要明白一点，无论什么情况下的沟通，都有一定的沟通目的，因此，要做到高效沟通，就不能只听不说，我们必须在倾听中抓住问题的关键点，并适时做出反馈。

王涛是一家培训公司的经理。在过去五年的销售生涯中，他逐渐懂得了如何与客户沟通。

刚从事销售时，有一次，他与同事参加一次会谈，结果客户的回答却是："你们的提案充满了激情，我们完全被你们眼花缭乱的PPT震住了，所以相信你们的团队在执行上同样充满激情。年轻人，好好干，你们很有前途。我们需要根据你们的提案再商量一下，看看是否符合我们今年的市场策略，我们会尽快联络你们的……"原来，会谈时间只有一个小时。而他从打完招呼的那一刻算起，他冗长的PPT伴随着口若悬河的讲述，占用了至少50分钟。其间客户几度试图说点儿什么，都被

他无情地打断。

再后来，他懂得了沟通时需要倾听，毕竟谈生意不是说单口相声。他收起了表现的欲望，但问题又出现了，他把说话的机会给了客户，可客户为什么还不满意？一个朋友开玩笑说："你那无神的眼睛能打动客户？"

他终于找到了问题的症结所在，原来，客户需要的是回应。他得出了沟通的一大经验：既要让别人说，还要专注于别人所说，并用眼神加以回应。也正是这一经验，让王涛在短短的五年时间，成了一名销售经理。

正如王涛所理解的，倾听并不是面对客户时不加以引导，没有范围和重点，任由客户不停地叙说，而是要积极地倾听，将全部的精力都投入进去，要能够站在客户的角度上理解，并给予及时的回应。当然，回应客户的方式远不止眼神回应，我们同样可以利用动作、语言等。

不给予反馈是沟通中常见的问题。许多人误认为沟通就是我听他说或者他听我说，常常忽视沟通中的反馈环节。不反馈往往会直接导致两种结果：信息发送方（表达者）不了解信息接收方（倾听方）是否准确接收到了信息；信息接收方无法证明和确认自己接收的信息是否无误。

那么，具体来说，我们应该如何做呢？

1.倾听

不管是自己的朋友、同事，还是领导、客户，在沟通的时候，倾听对方表达的内容，了解对方的目的都非常重要。

2.反馈

对方的反馈指的是对方做出的、可以识别的反应，比如，对方做出的某些动作，如"摇一下头""皱一下眉"，或是想要说些什么，这些对我们来说都是对方发出的信号。

通过自己敏锐的观察力和感觉，你可以调整自己的说话速度或者话题。如果你没能注意到这些信号，或是未做出反应，这可能导致错误的或者不完全的沟通。

对方表达完后，要在适当的时候给予回应，也就是进行反馈。要及时、明朗、不含糊地给予认同或肯定。"是的""对""嗯""是啊"等短句是必不可少的。

3.表达自己的观点

即使对方的观点跟自己的观点如有冲突，或者自己认为有异议，也要先给予肯定，再说出自己的想法观点。但是表达也要有度，恰如其分。

总之，反馈是沟通过程中的一部分，完整的沟通过程既包括信息发送者的表达和信息接收者的倾听，也包括信息接收者对信息发送者的反馈。

无声沟通，沉默战术反而事半功倍

语言是我们表达个人思想最重要的工具，每个人都希望通过完美的口才展示一个不一样的自我，并以此来说服别人。但是，有时候喋喋不休的语言攻势，却会激起对方的抵触心理，无论你说得多么动听、有道理，对方都不愿意配合你的工作。如果你不达目的誓不罢休，一再追问，非但不能达到目的，反而还会激起对方更强烈的反抗。

因此，与人交流时，当别人说话时，我们可以采用无声沟通术来与别人进行交流。换言之，就是采用沉默的方法来应对他人。因为，沉默能够给对手带来一定的压力，也能够让自己占据主动的位置，让对方改变态度，主动配合你的工作。

一家公司的保险库被盗，丢失大量珍贵物品。经过调查，警察将目光锁定在了保管员约翰的身上，就传讯了他。

审讯员问他："听人说，你是一名电脑高手，从我们掌握的资料上来看，作案者也是一名电脑高手。这名犯罪分子侵入了公司的保安系统，让所有的防盗设施全部失效，你对此有什么看法吗？"

约翰回答说："在这个问题上我有权保持沉默，因为这事和我一点关系都没有。"

审讯员继续追问："既然你是一名电脑高手，为什么却甘心做毫无前途可言的保管员呢？"

约翰回答说："这是我的自由，你管不着。"

审讯员无奈只好退出，由前辈乔恩来审讯。

乔恩一言不发，只是用眼睛死死地盯着约翰。约翰慌了神，说："你有什么要审问的，只管问好了，别在这里浪费时间。"

乔恩依然不说话，还是一直盯着约翰。很快，约翰承受不了压力，眼珠乱转，浑身打战。乔恩抓住时机怒喝一声："老实交代，你究竟把那些物品藏到哪里了？"

"这个，这个……"结结巴巴的约翰慌了神，最后，不得不主动交代了一切。

很多人都认为，说服别人需要有较好的口才，用语言攻势打败对方，让对方折服。其实，这种方式未必有效，在适当的时候采取沉默战术，往往能够起到更好的说服效果。

在生活中，我们经常会面对一些防御心非常强的交流对象。和他们沟通，无论你多么耐心，多么委婉，也无论你采用什么沟通技巧，都不能让其听从你的建议。遇到了这种情况，我们就应该采取沉默的方式。事实上，这种方式往往能够起到非常好的效果。

一天，洛克菲勒正在办公室工作，一位不速之客突然冲进来，用拳头狠狠地捶着他的办公桌，大声地咆哮道："洛克菲勒，我恨你！我有绝对的理由恨你！"接着，这位怒气冲冲的客人对洛克菲勒开始了长达十分钟的恣意谩骂。其他员工看到后纷纷义愤填膺，对于这位客人的谩骂感到厌烦至极，但此时的洛克菲克却十分平静，他缓缓地放下手中的笔，静静地看着那位攻击者，态度表现得非常友善。

就这样，面对这个无礼之徒长达十分钟的谩骂，洛克菲勒一直表现出友善的样子，十分钟后，这名谩骂者就像泄了气的皮球一样没有了精神，声音也在不觉间慢慢地低了下去。

本来，他做好了和洛克菲勒进行一场激烈争辩的准备，但是洛克菲勒并没有去反驳他的话，也没有去指责他的无理，遭不到反击的他感觉自己成了独角戏演员，那种怒气也就没有理由再保持下去，只好灰溜溜地走了。

这位不速之客在走之前有些不甘心地又在洛克菲勒的桌子上重重地敲了几下，但是没有得到任何的回应，只好叹了一口气走出门去。洛克菲勒在他走后，好像什么事都没有发生一样，重新拿起笔继续他的工作。

面对无礼的攻击者，采取沉默的方式来对待，并不是逆来顺受，而是给对方最严厉的迎头痛击。谈判中，沉默是一个成功者取得胜利的重要因素之一，能够表现出一个人沉着与冷静的心理素质。

生活和工作中的许多事情，并不是依靠分辨是非就能妥善解决的。假如你一上来就发动猛烈的语言攻势，很容易就会激起对方的逆反心理，你也就很难再去说服别人。这是因为，当你向对方发动语言攻击的时候，声音中就带有强烈的火药味，脸上也会不可避免地带有敌视的神情，对方在逆反心理下就会表现得比较急躁和愤怒，很可能会做出一些更出格的事情，最终必将会导致事情出现僵持的局面。

沉默并不是一些人眼里的理屈词穷、狼狈不堪，相反的，沉默却显示了一个人的品格与智慧。在工作中，会有无数难以说服的人，他们对你的苦口婆心和推心置腹总是无动于衷，他们甚至还会冷言相讥。遇到这种情况，你就没有必要再想方设法运用语言来说服他了，而是应该适当地采取沉默的方式来进行应对。沉默代表着一种强大的力量，能够有效地化解对方的敌视心理。

那么，我们该怎么做到适时沉默呢？

1.要掌握火候

沉默要把握时机。例如，尽量在对方心存疑念、渴望得到答案时候沉默，这样能很好地起到吊胃口的作用。

2.要精心设计

我们要学会找到"引"与"发"的必然联系，在问题产生后，可以对对方适当点拨，使对方产生联想。然后，以"发问""激题"等方式启发对方的思维，让其自己获悉答案，以此填补思维空白点，获取预期的效果。

总之，适当沉默是处理人际关系的无声"武器"，它会让你在与人沟通的过程中畅通无阻。不过，到了该你说话的时候，你三缄其口，还是会惹大家不满意的。所以，到了非说不可的时候，还是要大胆开口，当然也要讲究艺术，小心用词。

—— 第 **3** 章 ——

在倾听中捕获有价值的信息

　　语言是人类用来表达思想、交流感情、抒发胸臆的工具，同时，也是心理、感情和态度的自然流露。人们在说话时的语速、语气、语调，其实都暗藏心理玄机，究其根源，在于这些因素与人的心理状态密切相关。因此，我们在倾听他人说话时，不仅要听，更要听出有价值的信息，进而看透对方的内心世界，了解对方的真实意图，并做出最恰当的应对策略。

听话听重点，才能提高倾听效率

生活中，我们都知道倾听的重要性，但如何倾听却是一门大学问，有的人经常被别人说成"左耳朵进右耳朵出"，形容他听话总是记不住。其实，一般人在听别人说话的时候，基本上能记住一半的内容已经不错了。

造成记忆效果这么差的原因有两点：一是听者的思考速度比说者的讲话速度快，因此有许多空闲的时间胡思乱想；二是当说者的观点与听者的观点不同时，听者就很难再听下去了。为避免倾听效果不佳，除了集中注意力用心听，最好的方法是：备妥纸与笔，记笔记。把谈话重点一一记下来之后，就不会忘记了。当然，除了这种机械式的方法，我们最重要是给自己的耳朵装一台"过滤器"，听到对方话语中的重点，提高倾听效率。

小米是一名实习生，实习期三个月，和一起来的十位实习生一样，她很希望以后能留在这家公司，然而，竞争是残酷的，他们一行十人最终只能留下两人。为此，每个实习生都非常努力勤奋，恨不得在工作上马上就有出色表现，毕竟这家公司是行业内的翘楚，能够留下来的人前途也将不可限量。

每周，主管都会给实习生们开会，总结他们一周来的所得和不足。对于这样的会议，小米总是非常用心，因为她觉得能够得到前辈的指点是一种幸运，是不可错过的学习机会。每次开会，尽管主管有的时候说是例会，无须记笔记，小米也还是拿着笔记本和笔，正襟危坐，听到认为应该重点对待和解决的问题，她就马上运笔如飞，将其记下来，会后再细细琢磨。三个月的时间过去了，当其他实习生还很懵懂时，小米在工作上早已有了巨大的进步。她看起来不再像是一个实习生，而是一个进步神速的员工，她早已把每项工作都熟记于心，还始终像海绵吸水一样孜孜不倦地吸收知识。等到实习的三个月期满时，主管给了小米满分的成绩，小米也理所当然地留在了公司。

在这个事例中，小米之所以能够得到主管的看重和赏识，就是因为她的耳朵上安装着"过滤器"，即使对于主管所说的无须做笔记的例会，她也能拎出重点，找到能够为自己所用的教诲和指点，从而实现飞速进步。

一个人要想有长足的进步，就要博采众家之长。这就像是小说中的武侠高手一样，他们起初也都是名不见经传的小角色，他们不断向他人学习，持续进步，勤学苦练，最终才能功盖天下。现代社会，尤其是在职场上，要想让自己出类拔萃，我们同样需要坚持这个原则，最终才能如愿以偿。

对于交流，每个人都有自己的方法和技巧。不过，有的时候把别人的那一套照搬过来，也许就是"橘生于淮南则为橘，生于淮北则为枳"，马上变了模样，效果也不复存在。由此看来，我们还是要摸索出自己的一套方法，才能效率倍增，使我们与他人的交流更加顺畅。

会听话的人总是一下子就能抓住重点，从别人复杂的语言中整理出逻辑顺序，找到自己想要的信息。还有些人听话总是没有重点，即便对于他人强调几遍的重点，也听若未闻，更别说是别人语无伦次的表达了。由此可见，要想提高倾听的效率，学会抓重点才能事半功倍。

那么，我们如何过滤多余的信息，听出他人话语中的重点呢？这里，有几个关键点。

1.对方的问题点

这是倾听的重点，有时候，对方的某些问题是不会直接向你坦白的，这时需要你仔细思考。

2.情绪性字眼

当人们感觉到痛苦或兴奋时，通常会通过一些字眼来体现，如"太好了""真棒""怎么可能""非常不满意"等。这些字眼都表现了他们的潜意识导向，表明了他们的深层次看法，我们在倾听时要格外注意。

不只要倾听，更要听出对方的真实意思

对于现代社会的我们，是否会说话、能否掌握沟通的艺术，无论是对于个人发展还是日常交际，都显示出了无可替代的重要性。正如戴尔·卡耐基所说："一个人的成功约有15%取决于技术知识，85%取决于口才艺术。"然而，听话和说话同样重要，真正的听，并不是傻听，会听话的人既能很好地领会、理解别人说话的意思，又能仔细地欣赏、揣摩别人说话的技巧，更能从别人的言谈中听出言下之意和弦外之音，然后才能"以牙还牙"，做出相应的应酬对策。

因此，我们在沟通的时候，不仅应该做一个认真的听话者，还应该做一个谨慎的听话者，听得出对方话的真实意思，只有这样，才能领会说话者的意图。

小杨大学毕业后，也和其他应届毕业生一样，在求职过程中处处碰壁。后来，幸运的是，他被一家小公司录用了。

为了报答老板的知遇之恩，也是因为公司刚起步，他也和其他的员工一样，常常要身兼数职。工作一年多，他很少有准时下班的时候，但公司的效益却不怎么好。于是，很多同事有了跳槽的想法，小杨当然也有。

今年年初，公司有一项业务出了问题，这笔单子关系到公

司未来一年的效益，老板把公司所有员工都召集到一起开了个会，一来是为了商量对策，二来也是为了巩固人心，让大家安心在公司上班。老板并没有指责大家，而是心平气和地先把公司未来几年的发展和规划描绘了一下。

小杨从老板的话中得知，公司并没有像其他同事说的那样，已经到了亏损的地步，相反，未来几年，公司的前景还是相当不错的。但直到谈话结束，老板也没提升职加薪的事，最后只是抛了句："大家努力工作去吧，公司是不会亏待你们的。"

散会后，大家都泄气了，升职无望，加薪无望，工作的积极性也都没了。于是，第二天，公司很多人都另谋高就去了。而小杨没有走，他听明白了老板最后那句话的意思。老板对小杨委以重任，让他担任客户主管，于是，小杨比以前工作更加认真努力了，果然，不到半年的时间，公司的效益上升了很多，而小杨也因为这半年来的经验积累和突出成绩升到了客户经理的职位。老板也对他说："小杨啊，我当初果然没有看错你啊。"

小杨是个聪明的年轻人，当大多数人没有听懂老板弦外之音时，他听懂了。于是，他选择了留下来，从而获得了老板的信任并得到了提拔，然后得以一展拳脚，赢得了他职业路上的辉煌。

听是说的前提，你要想更好地表达观点，就要听清别人内心的真实意图。真正的倾听应该是有效的。相反，如果你没能听出别人的言外之意，就会作出错误的对策，甚至造成无法挽回的恶果。

的确，人们在交往的时候经常会说一些富含深意的话，有时是因为场合不合适，只能说一些模棱两可的话。我们在与人沟通的时候，应该会听话听音，有些话是弦外有音，如果不加以分析，有时就会领会错说话者的意思。

因此，在观察他人的过程中，你不仅要学会观察他人的举止、言行，还要懂得倾听，因为很多时候，对方多传达的信息并不是直白的。

那么，具体来说，我们该怎样从倾听中听出弦外之音呢？

1.听出对方的意图

想要了解对方意图，可以借助语气来读懂对方心思。只要你能准确地抓住他的中心意图，就能准确地分析他的心理，也能看清他的本质。

2.鼓励对方多说

任何人在谈话的时候，都希望自己的意见和观点得到认同、理解。因此，如果你能表示出对对方的理解，那么，他是很愿意继续说下去的。对此，你可以在倾听后适当地加入一些简短的词汇，比如，"对的""是这样""你说得对"等。也可以点头微笑表示理解。当然，你还需要做到专心倾听，并与对方偶尔进行眼神交流，切不可心不在焉。

总之，在与人沟通的过程中，你必须学会看穿他人心思，懂得一些"读心术"。看人不能看表面，也不要凭三言两语无端地评判一个人，只有多方观察，从举手投足、眼神、表情等各个方面综合判断，才能真正了解他的心思、用意。而学会倾听，可以说是促使自己圆满处理人际关系的重要条件。

听出对方最在意的部分，说暗合对方心理的话

日常交际中，我们与对方的交流沟通，实际上就是一场心理的较量。而且，彼此都带着各自在意的重点，最终目的是达成共识。要想打动对方，我们需要仔细观察，从言语中抓住对方在意的重点，再以其在意的东西作为利诱，这样一来，对方肯定会心动，从而答应我们的请求。而且，我们如此来暗合对方的心理，这样会让对方感到很受尊重，也无形之中拉近了彼此的距离。有时候，对方在意的东西往往是他的弱点，他有可能会为了在意的重点而放弃之前所提出的条件，此时，我们说出暗合对方心理的话，一定能达成自己的沟通目的。

小马是一位节油汽车推销员，这天，她约见了一位客户，是一位拥有3辆车的店主。在前几次的沟通中，小马从客户的话中听出，对方最在意的是怎样节约汽油费，以此来缩小店里每天的开销，达到最大的盈利。

有了这样的想法，小马一开口就礼貌地询问："先生，请教您 一个熟悉的问题，增加贵店利润的三大原则是什么？"客户好像很乐意回答这样的问题，他回答："第一，降低进价；第二，提高售价；第三，减少开销。"小马立即抓住话题说下去；"您说的句句是真言。特别是开销，那是无形中的损失。

比如，一天节约20元汽油费，如果贵店有3辆车，一天节省60元，一个月就有1800元。像这样发展下去，10年可省21万元。如果能够节约而不节约，岂不等于把百元钞票一张张撕掉？如果把这一笔钱放在银行，以5分利计算，一年的利息就有1万多元，您觉得有没有节油的必要呢？"听了小马这样的分析，客户最终购买了节油汽车。

对于任何一个有车一族，他所在意的都会是如何节约汽油费，而对于拥有3辆汽车的店主来说，他会更在意这样的问题。推销员小马非常明白客户在意的重点，因此，在与客户交谈的过程中，她一点点地将话题延伸到节油的问题上，引起客户的注意，再通过详细说明来博得客户的同意。既然汽车可以节油，为什么还要继续浪费下去呢？这样有力的说明打动了客户，客户最终购买了推销员小马的节油制汽车。

可见，要打动对方开口说话，最好的办法就是善于发现对方比较在意的东西，从对方感兴趣的东西说起，这样才会使整个谈话过程变得愉悦而畅快。

那么，哪些才是对方在意的重点呢？

1.对方的利益所在点

每个人都会有自己在意的利益点，要么是名，要么是利，要么是地位。那么，在沟通的过程中，我们要善于以利益引诱对方，以此达到打动对方的目的。

2.对方的兴趣所在

每个人都有自己的兴趣爱好，因此，在交流过程中，我们要想办法找到对方的兴趣点。可以在与对方交谈之前做好准备工作，打听对方有什么兴趣爱好；也可以通过自己的观察或提问来了解对方感兴趣的事情。

另外，为了获得更多有关对方的信息，更好地打动对方，我们需要让对方尽可能地多说话。所以，话题要先从对方的兴趣说起，这样顺势展开话题，有利于整个沟通的顺利进行。

听语气，洞察他人情绪的变化

我们都知道，在人与人的交流中，很多时候，人们不会直接表明自己的想法和情绪，这就需要我们自己感知，其中一个重要的方面就是语气。要知道，任何一句话都是带有感情的。心理学家认为，无声语言所显示的意义，要比有声语言多得多，而且深刻得多。语气就属于一种无声语言。

语气是一句话的基础，它所包含的内容会让这句话所传达的情感更加丰富。当别人笑着很亲切地说："真是一个混蛋！"你可以把这句话当成一个玩笑，但同样是这句话，当人们咬牙切齿地说出来时，你就要认真对待了。很多时候，一句话并不是光用耳朵听就可以明白的，还需要用眼睛去看，用心去感受，最终你才能理解这句话的含义。只有通过揣摩对方的语气，了解对方的心理再说话，才能在与人交流中有的放矢。

一次，齐桓公上朝与管仲商讨伐卫事宜，退朝后回宫。

卫姬远远看到齐桓公来了，便立刻走下堂跪拜，替卫君请罪。桓公问她什么缘故，她说："妾看见君王进来时，步伐高迈，神气豪强，有征讨他国的心智，而在看见妾后，脸色改变，一定是要讨伐卫国了。"

第二天，桓公上朝，进殿时，他谦让地引进管仲。管仲说："君王取消伐卫的计划了吗？"桓公说："仲公是如何知道的？"管仲说："君王上朝时，态度谦让，语气缓慢，看见微臣时面露惭愧，微臣因此知道。"

管仲是如何揣测到齐桓公要取消伐卫计划的？除了面色、表情这两个方面，还有其说话语气的变化。齐桓公刚开始决定伐卫，情绪是激昂的，而后来，他变得态度谦让，语气缓和，这表明他放弃了伐卫的计划。的确，一个人在说话时语气变得缓和，就说明他的内心世界也逐渐变得平静。

任何一个象棋高手都明白，在胜负角逐中，要想"一棋定乾坤"，就必须"前看三步，后看三步"。而要做到这点，就必须要看出对手走的每一步棋的用意，从而做到见招拆招，取得胜利。

我们再来看下面一个故事。

这天，化妆品推销员李丽来到某准客户家，开门的是位年轻的太太。这位太太看起来很不高兴，脸上还挂着没擦干的泪水，李丽赶紧说："太太，您怎么了，遇到什么伤心的事情了吗？"

"没有，你是哪位，我不认识你！"

"我是一名化妆品推销员，在敲开您的门之前，我是准备向您推销产品的，可是当看到您一脸的愁容，我觉得我有其他的使命了。"李丽说。

"真是很感激你，其实我没什么事。"

"家家有本难念的经，我能理解，尤其是咱们女人，要操持好一个家，努力经营好一段婚姻，真不是一件容易的事。"

客户回答说："你说得太对了。我的丈夫就是一个永远不知足的男人，我这么努力，家里家外忙得不可开交，他却一回来就跟我吵架，甚至连我做的饭都不吃，我都不知道该怎么办了，难道他喜欢上了别的女人？"

李丽发现，这位太太在谈到自己的丈夫时，透露出来的是不满和疑虑。于是，李丽说："太太，我觉得您需要勇敢一点，和您的丈夫谈谈，这样问题才能解决，不然即使您伤心，他也不知道啊。"

在李丽的开导下，客户说："你说的有道理。我是该找个机会和他谈谈。对了，你刚说你推销化妆品，都是什么样的产品？"

这则故事中，客户之所以对女销售员李丽放松警惕，是因为李丽从客户的语气中了解到她的心病，并以坦诚的态度道明自己原本的来意和对她的关心，最终让她感同身受。于是，客户的心就向李丽敞开了，把李丽当成了情感倾诉的对象，主动问及产品更是水到渠成的事。

因此，训练自己从语气中掌握对方心理，可以说是促使自己圆满处理人际关系的重要条件。那么，具体来说，我们该怎样根据对方谈话的语气作出一些心理对策呢？

1.听出对方的情绪和意图

在各个场合都要"听话听音"。一个人即使不和你说真话，他的语气同样可能暴露出他的性格、愿望、生活状况甚至个人意图。潜藏在人内心的冲动、欲望等，总是会通过某种方式体现出来。

生活中，我们能从语气来看出他人与你交谈时的情绪，留意他的语调语速变化，就留意到了他的内心变化。有些语调变化是故意做出来的，那是他想向你传达某些信息。而某些语调变化是无意识的，你可以从中发现他的情绪变化，以便随时调整你的说话内容。

2.看准他人的意图再说话

我们在说话前，必须要先了解对方谈话的意图，并作出相应的语言回应，才能让交谈有利于我们。比如你是个求职者，在回答问题时，应当适时正视面试者。通常，面试者对急于想要了解的问题，谈话会以较不太关心的话题为重。如果对方对你凝视倾听，你就需要对回答的问题作较为详尽的描述；如对方只是随声附和或眼神出现游离，则应立即简短结束此话题，求职者不可认为自己对这方面较为了解而夸夸其谈。

大多数观察人的高手，他们通常都能在对方说话的字里行间找到线索，巧妙地掌握对方的心理，从而了解他人对自己的态度、对事物的看法，进而诱导、确认对方的想法。

对方语速的变化，代表了其内心状态的变化

生活中，你可能也发现，虽然每个人有固定的说话方式，但语速却不是相对固定的，往往快慢有致，这样才能有效地传情达意，又能令对方感到悦耳动听；如果语速不当，缺乏快慢变化，始终保持一个速度，那就很难准确、恰当地表达出自己的想法，也会使对方感到不耐烦。而且，语速的快慢也会逐渐影响到对方的心理，比如，语速过快往往会给对方很大的压力，而太慢的语速则会让对方忐忑不安，猜不透你心中的真实想法。

可见，语速的任何变化，都代表着说话者内心不同的状态。如果能够理解这一点，我们就能更好地洞察说话者的心理。

小李一直暗恋同事晓雅，细心的马大姐发现，平日里非常健谈、妙语如珠的小李，一旦看到晓雅，立马就会变得结结巴巴，面红耳赤。

马大姐是个好心肠的人，看着这两个来自异乡的年轻人都独自漂泊在外，便有了为他们牵线的想法。小李的心思很好打探，当马大姐和他说出要给他做媒介绍晓雅时，他马上就当着马大姐的面高兴得一蹦三尺高。但是，让马大姐感到为难的是

晓雅。晓雅是个内向而又害羞的女孩，平时很少说话，见人总是低着头。马大姐担心晓雅不会把自己的心意完全说出来。

一个周末，马大姐邀请晓雅去她家里给孩子补课，晓雅当然乐意帮忙。中午吃完饭，马大姐和晓雅聊了起来。原来，晓雅虽然内向，但是也很健谈。

晓雅和马大姐无所不谈，甚至还讲了很多家里的事情。这时，马大姐找到时机，问晓雅："晓雅，你现在有对象吗？"

晓雅害羞地摇摇头。马大姐继续问："那么，你愿意找个同事当男朋友吗？"

晓雅有些犹豫说："在一起工作，好吗？"马大姐毫不迟疑地说："当然好啊！都是同事，彼此了解。你们也可以一起奋斗，在这里安家立业。"

这时，晓雅才害羞地点点头，说："可以考虑。"马大姐趁热打铁，说："你觉得小李怎么样？"不想，一听到小李这个名字，晓雅突然紧张起来，她磕磕巴巴地说："啊……小李啊……我……我……"

马大姐观察晓雅的表情，发现她并没有表现出排斥的样子，而是满脸娇羞，马上就明白了晓雅的心意。她问晓雅："你是不是也喜欢小李？""不不……不……他是大学生，我只是个打工妹……"晓雅不知所措地说。马大姐笑着说："这可太好了，小李很喜欢你呢！"

原本，马大姐准备慢慢铺垫再捅开的窗户纸，因为看到晓雅的语速因为紧张突然变化，再看看晓雅害羞的样子，马上有了十成的把握，直截了当地就把小李喜欢晓雅的事情说了出来。到此，马大姐的说媒工作告一段落，剩下的就看小李和晓雅的相处是否顺利了。

在这个事例中，马大姐原本以为说服晓雅需要一定的过程，不想，晓雅的语速突然变化，暴露了她的内心。原来，她也是喜欢小李的。马大姐喜出望外，直接就把小李的心意告诉了晓雅。

相信你也经历过这样的情形：面对很久不见的朋友，激动的情绪促使我们语速飞快地将分别后的经历全部吐出来；当我们在诉说一件伤心的事情时，语速就会自然地放慢。

的确，一个人的语速反映其情绪，而他的情绪将透过语言表达影响到他人的心理。当一个人在激动时，他在用语言表达观点或抒发感情时，语速就会不自然地加快，声音也会提高，无形之中就会带给他人一定的心理压力。相信我们都没有见过耳语般吵架的情景，也没有看到谁用唱歌的形式作报告，一个慌张的人肯定也不会用读书的语速来告诉我们他所遇到的危机事件，一个激动的人不会用慢条斯理的语速来讲述他的心情。

以下是几点语速快慢透露出来的心理密码。

1.语速过快会给对方不安的感觉

在增强声音的感染力方面，有一个很重要的因素就是讲话的语速。在平时的交流中，若语速太快，所传递的气息就是急促、不安、紊乱的，也会给对方不安的感觉，所造成的气场就不可能温馨。而且，对方可能还没有听清楚你在说什么，你的话就已经结束了。

2.时快时慢的语速表达一种炙热的情感

这样的情况多出现在青年男女身上，他们一旦面对自己心仪的对象，平时又快又急的语速就突然放慢了，变得含含糊糊、断断续续，这就是一种"我喜欢你"的心理信号。

3.语速由快转慢，引起对方注意

有可能你正在诉说事情，对方思想开小差了，这时候你可以把平常过快或中等的语速放慢，强调某种观点或某件事，这样做是为了引起对方的注意。

4.语速由慢转快，表达了愤怒的情绪

当我们遭到了对方无端的猜疑，或者自己的利益、自尊受损时，我们会不由自主地加快自己的语速，这就是一种愤怒的情绪表达，或者反击对方的言语行为。

语速突然加快或放慢基本上都是由情绪所影响的，这也能反映出人的内心世界的不稳定性或渴求，而这样的心理暗示将直接传递给对方，继而影响对方的心理。

总之，在日常生活中，每个人每天都要与人交流。如果在交流的过程中多多留心对方的语速，那么对方的细微变化就会被看在眼里。由此一来，更容易把握对方心理。

倾听中多留意对方的语调，看清对方性格

人们常说"言为心声""听声识人"等，可见，要想看清别人，可以从他的语言节奏、说话方式以及语调着手。而一个人的性格、爱好、人品等方面一般都会外露在语言上，为此，我们在倾听别人说话时，留意其语调，能帮助我们更加透彻地了解对方。

语调是声音的特性，一般而言，音调的高低决定于发声体振动的频率，响度的大小决定于发声体振动的振幅，但对不同的人来说，其语调是不同的。简单地说，每一个人即使说着相同的话，语调也存在着不同，因此，我们可以根据这些特点去分辨出对方。

西晋时曾历任秦王文学、太子洗马、尚书郎、太子中庶子、汝南内史的王湛是个忠孝之人。当时，他的父亲去世后，他居丧三年，丧期满了还居守在父亲的坟旁，其侄子王济来祭扫祖坟，从来不去看望叔父王湛，两人偶然碰到了一起，也是寒暄几句就作罢。

有一次，王济试探性地问了叔父的近况，王湛回答时音调适当，音色温顺流畅。王济听后很是吃惊，因为他一直认为自己的叔父不过是胆小怕事、缺乏主见、意志软弱之人，没想到

现在变得如此稳重。在这之前，由于王湛的品性，王济从来没有将其看作长辈，但在这次交谈后，王济彻底刷新了对他的看法，自己虽然才华出众，但在叔父面前，却是自愧不如。王济不禁感叹："家里有名士，三十年来却不知道！"

以前，晋武帝每次见到王济，都会拿王湛开玩笑，揶揄道："你家里那位傻子叔父死了没有？"每到这时，王济总是无言以对。自从与叔父畅谈之后，王济对叔父有了新的认识，等到晋武帝再那样问起的时候，王济便回答说："臣的叔父并不傻。"接着，王济便如实讲述王湛的优点。晋武帝问道："可以和谁相比呢？"王济回答说："在山涛之下，魏舒之上。"

在王济的推荐下，王湛也逐渐被人知晓，他在28岁的时候步入了仕途，为天下人所知。

心理学家认为，说话速度较慢、语调温顺平和的人，他们对于权力都看得很淡，过着与世无争的生活，比较容易与人相处。不过，由于他们个性比较软弱，胆小怕事，对于外界的人和事都采取逃避的态度。不过，这样的人有着丰厚的内在素养，若是有人在旁边提携一把，他会成为一个大有可为的人物。

我们可以通过说话语调来把生活中的人分为以下几种类型。

1.高亢型

这类人个性多粗犷豪放、不拘小节，并且为人真诚、坦率，但也有缺乏耐心、容易暴躁的缺点。

2.深沉型

这类人低调沉稳，满腔抱负，且具备雄才大略，但因不屑流俗于世，对人际关系冷漠的他们只能"顾影自怜"。

3.弱气型

这类人因为身体虚弱，因此说话的时候会显得底气不足。他们一般具有良好的文化修养，谈吐优雅、说话谦逊。他们在处世上也是小心谨慎，怕惹祸上身是这类人狭隘的一面。

4.和气型

一般来说，这类人普遍心胸宽广，不计较小事。

5.尖锐苛刻型

这类人说话尖酸刻薄，犀利苛刻，从不体谅对方的感受。交谈过程中，他一旦发现对方言语的漏洞，就会毫不留情地攻击到底，直到对方理屈词穷，无地自容。他们一般都显得不怎么友善。

由此，在生活中，我们可以更微妙地领略语速语调中透露出的各种人的丰富心理变化。这样，我们就能更深入地了解对方，从而方便我们做出轻松自如和正确的应对决策，在与人交往的时候便能如鱼得水！

听口头禅，分析一个人的个性特征

生活中，我们在说话时都会有意无意地提到某个词语或句子，这就是口头禅。口头禅就是人们常常挂在嘴边的话语。按照现代心理学的观点，口头禅并不是完全"不用心"的，它背后隐含着一些心理活动和心理作用。

因此，我们在倾听他人说话时，一定要留心对方的口头禅，进而从中了解对方的个性特征。

使用不同口头禅的人，在性格特征上是不同的，因此，我们不妨根据口头禅来划分我们身边的人：

1. "据说""听说"

常使用这类口头禅的人可能有这样一些特点：他们阅历比较广，但往往不够果断，因此，为了让自己的话不至于太过绝对，给自己留点退路，他们便常使用此类口头禅。

2. "真的""不骗你""说实话"

这种人在说话时担心听者会误解或者怀疑自己，因此，他们便急于表明自己的立场。

3. "但是""不过"

这些人说话时滴水不漏，即使发现自己说错了话，他们也能立即找出一个例外，并用"但是"加以转折。这也表明他们说话懂得留有余地。从事公共关系的人常有这类口头语，让说话更委婉，不致令人有被冷落感。

4."肯定嘛""必须的"

这类人往往信心十足，理智、果断，有足够的说服力，常令人信服。

5."嗯""这个嘛""啊"

很明显，这是一些用于语言间歇的词语，常使用这类口头禅的人，往往思维反应较慢。当然，一些说话傲慢者也喜欢使用这种口头语。

6."可能是吧""或许是吧""大概是吧"

这类人为人谨慎，行事周密，不容易得罪人，因此，他们通常人缘不错，但他们一般不会将内心的真实想法告诉别人。

一位著名心理学家说过："口头禅反映了一个人对某一类情形的反应模式。尤其带有消极词汇的口头禅，对认知和情绪都是一种消极暗示，所以，心理治疗师即使肯定别人，也很少说'不错'等带有双重否定的词汇。"

另外，在现实的语言交流中，你还应该尽量避免口头禅为你带来的一些负面效应。

小林是一名刚参加工作的推销员，她现在还在接受公司进行的销售新手培训，在培训的过程中，培训老师张老师发现，小林很喜欢把"说真的"挂在嘴边。

这天课后，张老师单独找来小林。

"你对自己满意吗？"

"挺好的啊，您为什么这么问？"小林很好奇。

"为什么你很喜欢说'说真的'这个词呢？"

"口头禅而已，这应该不能说明问题吧？"

"这你就错了，口头禅是能泄露一个人的性格特征的，我们千万不能低估客户的观察能力。一个人喜欢说'说真的'，其实表现出他很不自信，他这样强调，就是为了让对方相信自己。我想，你应该知道自信对于一个销售人员来说有多重要吧，你自己底气不足，又怎么能说服客户呢？"

"我知道了，谢谢您，张老师，我会尽量改掉这一口头禅的……"

和故事中的小林一样，相信很多人都有自己的口头禅，这看似是一种语言习惯，其实是一个人个性的显现。据专业人士介绍，三类对人心理健康不利的口头禅要不得。

第一类，"我不行的""我怯场的"。在生活中，尤其是在一些特殊场合，我们常常听到这样的口头禅，表面上，这只是简简单单的一两句话，但会对我们的心理起到极强的负面作用，导致我们形成自卑感，进而不利于目的的达成。

第二类，有关刻板印象的口头禅。从心理学角度而言，所谓刻板印象，顾名思义就是人们在社会生活中，随着某些社会经验的积累，会过多地依据这些经验为人处世、判定他人。这类口头禅很多，比如，"帅气的男人一定花心""十商九奸"。这些带有刻板印象的口头禅会给人们带来偏见，既不利于人际交往的和谐，也不利于身心的健康。

第三类，"凑合着吧""没劲透了""活着真没意思"。这些口头禅会给他人带来消极情绪。不抛弃这些口头禅，则会让你在社会生活中成为不受欢迎的人。

的确，每个人都会有自己常用的口头禅，也许大家没有意识到，这些自己根本没注意到的习惯，已经悄悄地"出卖"了我们。为此，你不妨在生活中多加留意，给人留下好印象。

第 **4** 章

倾听，要给予全身心的回应

我们都知道，在沟通中，倾听是重要的信息来源。在信息时代，每个人都是"信息源"。只要善于倾听，你就不会孤陋寡闻，也就是人们常说的"处处留心皆学问"。经验不足的人可以通过倾听弥补自己，有经验的人可以通过倾听提升自己，善于倾听各方意见有利于做出正确的决定。不过，真正有效的沟通绝不只是倾听，还要有回应，而学习如何正确地回应他人，不只是对他人的尊重，更是提升自己的重要过程。

倾听后给予反馈，言语要少而精

英国管理学家威尔德有一句十分经典的话："人际沟通始于聆听，终于回答。"在沟通过程中，一问一答之间可以使人受益无穷。沟通本是各有角色的一场演出，有说者，就应该有听者，没有听众参与的说话不过是一段独白而已。作为听者，自然应该积极参与谈话过程中。但是，假如对方正在说，我们又该如何回应呢？

事实上，好的听者会及时给予对方准确的回应，适时反馈一些言语，表示自己正在认真地倾听。比如，一位领导正在听下属抱怨公司福利待遇很差，但说了半天，领导一直没吭声，直到下属闭了嘴巴，领导才敷衍说了一句："说完了吗？说完了就走吧。"如此的言语"反馈"，会令下属感觉很受伤，原来领导根本没听自己刚才所说的话。一旦下属心里有了这样的想法，肯定会影响上下级的沟通关系。

因此，无论你多忙，或者心里有多么不在意，但在倾听他人讲话的过程中，也一定要履行"听者"的义务，那就是及时地给对方反馈信息，表示你正在认真地听着。

但是，在日常工作中，经常看见不少人在倾听他人讲话的时候，自己却成了说话的主角。究其根源，在于其反馈的言语过多，而打乱了说者本来的思路，在不知不觉间，听者开始成为话题的主角。

其实，作为听者，适当地反馈信息是有效的，这样可以提高听者的位置，但是，如果你反馈的言语过多，自然会令说话者心生厌恶。所以，在倾听别人的谈话过程中，切忌插话，尤其是抢话，如果你对其中某部分的阐述有问题，那也应该等对方说完了，你再提问，而不是无礼地抢过对方的话头，让自己成为说话者。在倾听过程中，及时、准确地反馈一些言语给说话者，这是很有必要的，诸如一些赞同的话、肯定的话，或者简短地概括出说话者的中心话题，这表示自己已经理解了；或者向说话者提问，引出说话者想说的话，促成一次良好的沟通。

周先生是一个很受欢迎的人，他常常会接到不同的邀请，在各种社交场合，他都能和大家打成一片。朋友林先生十分敬佩他，不过，他始终没能找到周先生受欢迎的秘诀。

有一天晚上，林先生参加一个小型的社交活动，他一到场就看见了周先生和一位气质高雅的女士坐在角落里。林先生发现，那位年轻的女士一直在说，而自己的朋友周先生好像一句话也没说，只是偶尔笑一笑，点点头。

回家的路上，林先生忍不住问道："刚才，那位年轻的女士好像完全被你吸引住了，你是怎么做到的？"

周先生笑着说："刚开始我只是问她：你的肤色看起来真健康，去哪里度假了吗？她就告诉我去了夏威夷，还不断称赞那里的阳光、沙滩，之后顺理成章地，她就讲起了那次旅行，接下来的两个小时她都一直在谈夏威夷，最后，她觉得和我聊天很愉快，可是，我实际上并没有说几句。"

在被朋友问到自己受欢迎的秘诀，周先生只是说："她觉得和我聊天很愉快，可是，我实际上并没有说几句。"仅用寥寥数语及时而准确地反馈信息，既表明自己是在认真听，又能够调动说话者继续说下去的欲望。

反馈效应是指向诉说者反馈自己的尊重与关注，这会让诉说者感到自己和自己的谈话在他人心里很重要，这在一定程度上起到了正向强化作用。心理学家通过大量研究发现，每个人都喜欢和尊重自己谈话的人沟通。在倾听过程中准确地反馈，会激励诉说者继续说下去，对诉说者有着极大的鼓舞。当然，不准确的反馈不利于谈话进行。

有一次，乔·吉拉德拜访了一位有趣的客户，一开始，客户就喋喋不休地谈论自己的儿子，他十分自豪地说："我的儿子要当医生了。"乔·吉拉德惊叹道："是吗？那太棒了！"客户继续说："我的孩子很聪明吧，在他还是婴儿的时候，我就发现他相当聪明。"乔·吉拉德点点头，回应道："他的成绩非常不错吧。"客户回答说："当然，他是他们班上最棒的。"乔·吉拉德笑了，问道："那他高中毕业打算去哪里深造呢？"客户回答："他将在密歇根大学学医，这孩子，我最喜欢他了……"话匣子一打开，客户就聊起了儿子的趣事。

第二天，当乔·吉拉德再次打电话给那位客户时，客户说他已经决定在自己手中买车了。客户的原因很简单，他说："当我提起我的儿子吉米有多骄傲的时候，他是多么认真地听。"

认真倾听使乔·吉拉德打动了顾客，赢得了一份订单。细看乔·吉拉德在倾听中的表现，他只是用简单的几句话表达了自己的想法与意见，诸如"是吗，太棒了！""我想，他的成绩非常不错""那他高中毕业打算去哪里深造呢？"如此打开了客户的话匣子，在客户每说一段话之后，乔·吉拉德都会肯定几句，或是提问题，让客户觉得"他是多么认真地在听"。如此可见，倾听是一种交流，更是一种亲近的态度，只有倾听才能真正地走进对方的心里。

1.重复对方的意见

在倾听过程中，你可以适当重复对方的意见，比如"您刚才的意思是……"等，这样会激励对方继续说下去。

2.及时查证自己是否了解对方

在谈话过程中，你可以说"不知我是否理解了你的话，你的意思是……"一旦确定了自己对谈话的理解，就需要给予积极实际的帮助和建议。

3.避免不良习惯

当然，反馈并不是开小差，也不是随意打断别人的话，更不是借机把谈话主题引到自己的事情上来、提出自己的观点、作出评论或表态等，这些都是不准确的反馈，效果会适得其反。

4.非语言反馈

非语言技巧包括点头、微笑，在倾听过程中，适时地微笑与点头，会让对方感觉你对他的谈话很有兴趣，就会使他愿意与你交谈，并对你产生很好的印象。

倾听时认真且专注，是对说话者最好的回应

现实生活中，人们在工作和生活的每时每刻都进行着沟通，但对于沟通的真正定义，并不是所有的人都能领悟，善于运用沟通的技巧，并能够进行有效沟通的人可能更少。倾听是沟通的开始，然而，只带着耳朵听并不是有效的倾听，我们还需要给予有力的回应，对于说话者来说，最好的回应并不是一味地附和与认同，而是认真且专注的态度。

约瑟夫是某空调公司售后部的员工。

一天，公司接到了某客户的投诉信，信中言辞犀利，言语间都是不满。公司为了弄清楚事情的原委、找到最妥当的处理方式，便派约瑟夫处理。

当约瑟夫进入客户家里后，客户十分愤慨，对他们公司的产品提出了强烈的批评，并说若不能妥善解决，就去投诉。

约瑟夫并未反驳，而是先去认真看了空调，发现客户所说的问题是使用不当造成的，责任不在公司。但是他想："我不是来和客人吵架的，而是来解决问题的。"于是，就在客户大发牢骚的时候，他静静地坐在那里，一言不发。

等客户发泄完之后，约瑟夫向其解释了一下原因，并提出了解决方案。

客户听完，拍着他的肩膀说："年轻人，你说的话虽然不错，不过我还是比较痛恨那个空调公司。"

约瑟夫见他余怒未消，再次选择了沉默的态度。接着，客户又说："不过，看在你的面子上，我也不会再写投诉信给你们公司了。"约瑟夫听后，如释重负。

案例中约瑟夫之所以能化解客户的抱怨和投诉，就是因为他在倾听中一直认真专注，让客户感受到了真正的尊重与理解。

那么，我们在倾听时该如何表达自己的关注呢？

1.专注于对方

不要分心或打断对方，而是集中注意力听他说话。

2.表示关注

通过点头、保持眼神接触或者发表适当的回应，让对方知道你在关注他。

3.不要评判

不要在头脑中评判对方的话，并试图去改变他们的观点。

4.提出问题

如果你没有听清或者不理解对方所说的话，问清楚对方的意思。

5.做出反应

给予合适的回应，这样对方会知道你真正地听懂了他们所说的。

6.记得重复概括

在听完对方所说的话后，概括一下你所听到的，并再次进行确认，这样可以减少误解的可能。

当然，除了专注外，我们在倾听时，还应该这样回应说话者。

1.使用身体语言表达你正在倾听

对此，你需要注意的是：不要忘记点头，这是你正在听的证据；身体面向说话者；与对方的目光进行交流；表情平和，不要不耐烦。

2.复述

倾听的时候，你需要偶尔重复说话者所叙说的内容。这样做的好处在于，不仅表达了你认真听了对方的话，还能获得更清晰的理解。

例如，当你的上级告诉你："真可惜，你没参加昨天的会议，会议内容太有趣了。"作为倾听者，你应该反问道："是吗？什么有趣的会议？"然后听他继续说下去。

3.发问

倾听不仅是带着耳朵听，还需要有语言的交流，发问在倾听中就是一种信息的反馈。

例如，当你的下属请教你工作上的难题，你可以先询问他的想法。此时，你要做的是，看着他的眼睛问他："能告诉我你是怎么想的吗？"先发问，然后倾听。

当然，在对话过程中，发问的技巧很重要。对不同的人，可以提不同的问题。

我们要想发挥好倾听的力量，获得最佳效果，上述几个方面已经足够，只要能灵活运用就可以了。

吃惊的表情，能激发对方谈话的兴致

对于真正想要交谈的人，如果听自己说话的人总是面无表情，倾诉就会变得非常乏味，甚至让人不想继续下去。

当然，每一个参与交谈的人都希望谈话是饶有兴致的，都希望参与者是兴致盎然的。良好的交谈氛围，需要每个人努力争取。除了要说让对方感兴趣的话，当你作为倾听者时，又应该怎样让对方更加乐于侃侃而谈，口若悬河呢？其实很简单，你既不需要发出感叹词打断对方的谈话，也不需要手舞足蹈地影响对方的发挥，你只需要调动面部的些许肌肉，就能激发对方的谈兴。

正确的做法是，你应该眉毛上扬，把眼睛瞪得像铜铃一样，而且把嘴巴张大，半天都合不拢。没错，这就是吃惊的表情，而且是非常夸张的吃惊表情。在倾听他人说话时，我们不管是随便插话还是因为激动手舞足蹈，都会无形中打断对方的思路和讲述，让对方扫兴。只有表现出吃惊的表情，适当地与对方进行眼神交流，你才能既避免打扰对方，又最大限度地激励对方继续兴致勃勃地说下去。如此一举两得，实在是最佳的倾听方法。

娜娜就职于一家科技公司，职位是老板的秘书，经常跟着老板出入各种应酬场合。

　　这天晚上，她又被老板带来参加聚会，在聚会上，她除了随时听候老板差遣外，几乎没有任何事情可做。很快，她就感到厌烦了，但是又不能离开。她安静地端起一杯鸡尾酒，坐在角落的沙发上百无聊赖。突然，一位男士走到她面前，这位男士看起来彬彬有礼。经过简单寒暄，娜娜才知道这位男士也是一位老总的助理，因而和她一样无聊。

　　就这样，两个无聊的人有一搭没一搭地闲聊着。娜娜的谈兴原本不是很高，因为她实在是有些疲倦了。然而，当娜娜没精打采地说起去非洲旅行的见闻时，男士突然眉毛上扬，眼睛瞪得大大的，惊讶地说："真的吗？但是，你又不会说他们的语言，是如何生活的呢？"

　　说完，男士就那么保持着惊讶的表情，还夸张地张开嘴巴不合拢，似乎正在无限渴望着娜娜赶紧给他正确的答案。看到男士的样子，娜娜不由得哈哈大笑，开玩笑说："当然啊，我差点儿被留在原始森林里了呢！"这时，男士的表情更夸张，下巴简直都要掉下来了。娜娜恶作剧般地说："但是我会十八般武艺啊，所以逃出来了。"男士觉得难以置信，后来，娜娜告诉他："导游会说当地的语言，整个行程都很愉快。"

　　整整一个晚上，只要娜娜说起有趣的或者惊险刺激的事情，男士就总是露出夸张的表情，让娜娜一个晚上笑了不知多少次。不知不觉间，为时三小时的宴会居然已经结束了。娜娜意犹未尽地对男士说："很高兴认识你，与你聊天很愉快。"

　　原本不想与男士聊天的娜娜，在男士夸张表情的刺激下，谈兴渐浓，居然说到宴会结束依然意犹未尽，这就是惊讶的魔力。尤其是对说话的人而言，当倾听者表现出夸张的惊讶表情，他们一定觉得自己演讲的技能非常高，而且极具感染力，因而也就越说越起劲了。

　　当你作为倾听者，想要不动声色地鼓励说话的人更加投入时，不妨多多表现出夸张的表情。只要你恰到好处地表示惊讶，说话的人就一定会变得兴奋激动，说起话来也就更加全心投入。这样的交流，往往让人到结束时还恋恋不舍，只想让美好的时间过得慢一点。

避免冲突，可以用非口头语言传达自己的感受

真正的沟通不仅通过语言来传递信息，其实，很多时候，一些非口头语言也是沟通的重要部分。

非口头语言非常丰富，包括肢体语言，比如动作、表情、眼神。实际上，声音里也包含着非常丰富的信息。我们在说每一句话的时候，用什么样的音色去说，用什么样的节奏去说等，这都是非口头语言的一部分。

因此，日常沟通中，我们可以用非口头语言传达我们的感受，这样能有效避免口头语言传达的直接性。

小程是一名航空公司主管，很具亲和力，总是对人笑嘻嘻的，整个公司上上下下，没有谁说过他的不是，大家有什么心事，也总是对他说。他从不会拒绝任何人的倾诉，因为他认为，别人愿意跟你说，是因为他信任你。

小程的顶头上司是一个刚过四十岁的女人，可能是更年期的关系，她最近特别爱发牢骚，公司的人几乎都被她找过碴儿，唯独小程没有。相反，上司还经常把小程叫到办公室或者是约出去喝茶，两人像姐弟一样。

这天下班后，上司又不回家，坐在办公室，小程正准备下班去接女朋友，就被上司叫了进去。

其实，小程是有心理准备的，但小程一边听着，一边就着急了，晚上还要和女朋友一起看电影呢。

为了表示自己的赞同，领导说几句，小程还是回几句，但小程想，必须想办法摆脱领导，不然今天晚上回不去了。他拿出手机，假装回了条短信，可是领导根本没有要停下的意思，于是，他看了看手表，领导已经有所领悟，然后他又暗地里把手机铃声开了一下，手机响起来了，小程抱歉地说："失陪一下，我接个电话。"

"你等一下啊，我一会儿就去接你，现在有个会要开，一会儿给你赔不是。"

领导一听，小程居然为了听自己唠叨向女朋友撒谎，心里很感动，对小程说："你去忙吧，我没事，别耽误你们约会了。"

小程是聪明的，面对领导喋喋不休的唠叨，他并没有用语言直接拒绝，而是巧施妙计，用发短信、看手表、打电话等方法，让领导自己发现问题，自己提出结束谈话。这样做不仅没有得罪领导，还让领导感激，可谓是一举两得。

这就是非口头语言的魅力。不仅能避免冲突，还能表达尊重。那么，我们在运用这些非口头语言回应他人的谈话时，该注意哪些呢？

1.不要忘记回应对方

沟通是双方的，即使你运用非口头语言，也不要让对方感觉自己在唱独角戏。有时候，一个眼神，一次掌声甚至一次点头示意，都能传达出你对对方言谈的感受。

2.了解一些基本非口头语言的含义

手势：柔和的手势表示友好、商量，强硬的手势则意味着"我是对的，你必须听我的"。

表情：微笑表示友善礼貌，皱眉表示怀疑和不满意。

眼神：盯着别人看意味着不礼貌，但也可能表示兴趣，寻求支持。

姿态：双臂环抱表示防御，开会时独坐一隅意味着傲慢或不感兴趣。

声音：说话时抑扬顿挫表明热情，突然停顿是为了造成悬念，吸引注意力。

沟通的模式有口头语言和非口头语言这两种，口头语言更擅长传递的是信息，非口头体语言更善于传递的是人与人之间的思想和情感，把握好非口头语言的沟通方法，沟通将会更有效。

倾听中应避免的几种错误回应方式

倾听是一种礼貌，是对说话人尊重的表现，是对说话人的高度赞扬，也是对说话人的褒奖。倾听能使人了解与自己交流的人想要什么，什么会使他们感到满意，什么会伤害或激怒他们。

当然，有倾听就有回应，正确且积极的回应，能实现有效沟通，进而创造性地解决问题，相反，错误的回应方式，则会导致消极甚至无效的沟通。

那么，在现实中，有哪些错误的倾听方式会导致无效的沟通呢？

1.转换式倾听

转换式倾听，就是甲在讲一个话题的时候，乙把这个话题引到自己感兴趣的事情上，让甲无法再继续表达自己的想法，甲的表达欲没得到满足，也就失去了再继续谈下去的意愿了。

比如甲说："我今天忙死了，连口水都喝不上。这些客户每次要方案都火急火燎的，早干什么去了？他们不知道这方案要一个个地设计，要用心，要费精力，费时间吗？我一个人哪能一下子做出好几个方案，而且还马上都要交给他们。"

乙说："你那还不算啥，我这才叫着急呢。单位半夜里打电话过来，让我马上就得赶过去，我只得全身所有神经都紧张起来，迅速调整状态，准备一场危险系数极高的手术。要是手术成功了还好，要是失败了，再遇到不讲理的家属，那种郁闷就无法形容了。"

乙这样一说，甲还能再继续说吗？乙直接把甲的话给堵住了，甲的情绪还没发泄完呢，又被乙给堵回去了。

2.反驳性倾听

反驳性倾听就是当一方给另一方建议的时候，另一方不接受，还要用自己的观念来反对给他提建议的人。这样，本来有建议的人就不会再给出建议了，因为对方已经表达出了不愿意听和反对的意思了。

比如甲说："我今天真倒霉，又被老板批了。我不就晚来了5分钟吗？路上那么堵，他又不是不知道。"

乙说："公司有公司的制度，每个人都得遵守，没有例外。"

甲说："他就是针对我的。我看他是故意和我作对，别人迟到他怎么不说啊。"

这样，乙心里有建议也不说了。

以下是反驳式回应的典型案例：

一天，一位商人出海游玩，站在码头，看到一个收获颇丰的渔夫，于是，他开始和渔夫说话。

"您捕的鱼又大又新鲜，捕这些鱼要花多长时间啊？"

"先生，用不了多长时间，我才驾船出海几小时而已。"

渔夫回答道。

"看来你的技术不错，那你为什么不多捕一点呢？"商人有点困惑地说。

渔夫笑了起来："为什么非要那样呢？等着我做的事情还多着呢。"

商人又问："那多余的时间你用来做什么？"

渔夫说："很多啊，看我想做什么了，我可以跟孩子玩耍，陪老婆睡午觉，每晚到村里跟朋友喝喝小酒，唱唱歌。我的生活过得美满又充实。"

商人嘲笑地说："哦，你实在是目光短浅。"他递出名片："不过我能帮助你成就一番事业。依我看，你每天应该多花一点时间出海捕鱼，然后存钱，再买一条大船，然后你再继续从前的工作，很明显，不久你又可以再买几条大船。就这样，你肯定能再雇人为你捕鱼，你的生意就做起来了。当然，对于雇用渔夫这一块，我能帮助你。"

渔夫此时并没有插话，于是，商人拿出了纸笔，边画图表边继续说："你的鱼捕多了的时候，就不需要再卖给那些商贩了，你可以卖给加工厂，时间一长，你自己的加工厂也就出来了。接下来，也许你会搬到更人的城市，在那里你可以完全获得成功且不断扩大你的生意。"商人说得兴奋不已，他稍微停顿一下，等着渔夫对他的意见表示采纳和感激。

渔夫思考了一会说："那达到这一目标需要多久呢？"

"哦，大概……十五到二十年吧。"

"先生，这之后呢？"

商人笑着说："你会变得很有钱啊。你可以赚上几百万，甚至上千万。"

渔夫揉着脸颊问道："那么，接下来呢？"

商人说："最后，你就可以变成一个有钱的退休者，你可以尽情享受美好的晚年时光，比如，在海边买个渔村，陪着老婆孩子，和朋友聊天、唱歌。"

渔夫歇了一会儿说："先生，谢谢你给我的建议。不过，你没发现，这正是我现在所过的生活吗？"

从这里，我们同样能得到一个启示，一味地说而不倾听这种死板的沟通方式，起不到任何的沟通效果。

3.错误假定

错误假定是指，你假定了别人想表达的意思。你以为你知道了对方要说什么，其实人家说的和你说的完全是两码事儿。一旦发生这种情况，双方就会产生误会，生气甚至反目。

小红和小明是好朋友，两人常约着周末出去玩。结果，上周小红告诉小明自己有事，小明有点失落，却在无意间刷到小红的朋友圈，发现小红竟然自己去看了电影，吃了一顿大餐。

小明找了个机会，问小红为什么自己出去玩。小红讶然："我只是说自己有事，又没说我不出玩。"

那么，我们该如何积极地回应，才能让聊天顺利进行下去，让别人喜欢和我们聊天呢？

倾听中三种积极回应别人的方式

前面我们指出，在倾听他人时态度要专注，这指的是在别人和我们聊天或者沟通的时候，我们应该面对着他，看着他的眼睛和鼻子中间的地方，甚至在听到一些话语时，要有相应表情和语言的回应，而不是面无表情。

在倾听中，如何回应他人，直接决定了双方沟通的效果，以下是总结出的倾听中三种积极回应别人的方式。

1.顺水推舟式

顺水推舟就是当发话者说完后，听者顺着其说话的意思往下说，重点在于不要反对，不要否定，不要掺杂个人主观判断。

比如甲说："我再也不去那家烤肉店了。"

乙说："再也不去了？"

甲说："是啊，你不知道，我们排队都排了半个小时，轮到我们的时候，菜和料汁都不全了。我喜欢吃的牛肉和生菜都没了。生意好了，服务态度却不好了。"

乙说："吃饭要等那么久确实挺烦人的，态度再不好就更闹心了。吃饭就是为了享受，为了开心。"

甲说："是啊，谁愿意等那么长时间，最后还吃得不开心。如果这家的服务质量再不提高，估计都没人去了……"

这就是一种顺水推舟的方式，顺着对方的话往下说，让他的情绪得到宣泄，适当地给一些回应，让对方把他的情绪宣泄完，我们也就完成最好的倾听回应了。我们再来看看下面的案例。

小王是一名计算机推销员，他一直认为自己擅长推销，可最近，他遇到了一个难题：在向某公司推销计算机时，同时还有一个品牌在进行推销，公司负责人把决定权交给了一名技术顾问——顾教授，而这个顾教授似乎有点"难搞"。

经过考察，顾教授私下表示，两个品牌各有优缺点，但顾教授在语气上似乎对竞争的那一家颇为欣赏。小王知道问题出现了，于是，他准备进行最后的努力。

这天，他找到了顾教授，向这位顾教授口若悬河地说明他所代理的产品如何优秀，设计上如何特殊，希望借此改变顾教授的想法。谁知道，还没等他说完，顾教授不耐烦地冒出了一句话："究竟是你比我在行，还是我比你懂？"这话如五雷轰顶一样打醒了小王。不过似乎已经晚了。

当小王垂头丧气地回到公司，向同事诉说这件事后，一位同事告诉他："为什么不干脆用以退为进的策略推销呢？"并向他说明了"向师傅推销"的技巧，切记的是要绝对肯定他是你的师傅，认同他的观点，抱着谦虚、尊敬、求教的心情去见他，一切的推销必须无形，伺机而动，不可勉强，不可露出痕迹，方有效果。

于是，小王重整旗鼓，再次拜访顾教授。见了面，他一改自己的说话习惯，对顾教授说："顾教授，今天我来拜访您，绝不是来向您推销。过去我读过您的大作，上次跟老师谈过后，回家想想，觉得老师分析得很有道理。老师指出我们所代理的计算机，在设计上确实有些特征比不上别人。顾教授，咱们这笔生意可以不做，不过，我希望从您这里学点经验……"小王说话时一脸的诚恳。

顾教授听后，心里又是同情又是舒畅，于是带着和蔼的口吻说道："年轻人，振作点。其实，你们的计算机也不错，有些设计就很有特点。唉，我看连你们自己都搞不清楚，譬如说……"顾教授谆谆教导，小王洗耳倾听。这次谈话没过多久，生意成交了。

案例中，推销员小王可谓是虚惊一场，如果他没有接受同事的建议，不了解在倾听中赞同、学习客户意见的重要性，那么，这次推销肯定会以失败而告终。

2.有效提问式

有效提问就是根据对方所说的话进行提问，用提问的方式推动沟通进行下去。

同样是上面的例子，甲说："我再也不想去那家烧烤店吃饭了。"

乙说："哦，怎么了？发生什么事儿了？"

后面甲就会说出不想去的原因，甲的情绪得到发泄，这场沟通就可以完满结束。

3.支持性回应

支持性回应就是对方所说的话，我们在倾听完之后，给予他支持或者赞同。

比如甲说："读书和不读书的区别真的很大。"

乙说："没错，要不说'书中自有颜如玉，书中自有黄金屋'。"

甲说："登到山顶我只能说'啊，真高，好美'。别人一句'会当凌绝顶，一览众山小'让我顿觉尴尬。"

乙说："所以，我们有空得多读书，这样我们的语言能力才能提升。"

这样，一场聊天就圆满地结束了。大家也知道了读书和学习的重要性。

所以，与人聊天倾听很重要。不仅要认真听，还要给予正确的回应。在明白别人要表达的意思之后，通过顺势而言，或者提出问题，给予引导或者赞许、支持等，让对方的情绪得到宣泄，情感得到回应和支持，这样的聊天和沟通就是有价值，有意义的，也是顺畅和愉快的。

第 5 章

牢记你的目的，别盲目地听

现实生活中，我们与人打交道，任何形式的沟通，都或多或少带有一定的目的，而倾听作为沟通中的一环也是如此。这就告诉我们，在倾听时不要一味地听，而应该主动思考、主动观察，将听到的信息与我们要达成的目标结合起来，学会将话题引到"正途"上，这样的倾听才是有效的。那么，具体来说，我们该如何做呢？带着这一问题，我们来看看本章的内容。

不但要用心听，更要鼓励对方多说

在人与人的交流沟通中，语言是最直接的方式。说话是表达自我、宣泄内心的一个途径，可能大多数人都喜欢说而不是倾听。和他人交往，我们往往注重诉说而忽略了倾听，懂得倾听的人才会获得朋友。有时，人们之间的交谈，表面上看是一个人在说，另一个人在听，然而，这个听的人并没有真的在听，而是在想，他应该如何接过话茬。可见，要让对方感受到我们用心在听，我们就要学会鼓励对方多说。

不得不说，在我们生活的周围，有这样一些人，他们喜欢以自我为中心，一旦与人交流，就开始喋喋不休，喜欢把自己的优点在别人面前展示得一览无余，喜欢逞一时口舌之快，喜欢看到别人被自己说得不知所措。于是，他和别人之间多了一层隔膜，少了一些相互欣赏和理解，虽然他暂时获得了心理上的满足，可是也失去了一次结交朋友的机会。而那些真正口才好的人，他们更懂得把握他人的心理，他们不但懂得倾听，更会鼓励对方多说话。在交谈中，他们更懂得当配角的重要性，这样的人无疑是被人们接受并喜欢的。

刘芸是某公司的员工，她所在的部门有一位大姐，经常向她诉说自己工作和生活中的烦恼，而且总是重复式诉说。但是，刘芸从来没有烦过，都是仔细地倾听，并且帮她分析造成这种局面的原因，这让那位大姐非常感激，同时也让别的同事非常不解。他们问刘芸："她每次说来说去都是那几句话，你怎么还听得下去，还帮她分析？"刘芸说："我这样做是对大姐的尊重，如果谁都嫌她烦，不理她，那么大姐就会觉得自己只是别人的累赘，觉得自己不受欢迎。"

生活中的人们都应该像刘芸那样，不仅善于倾听，还应该听而不厌，更应该鼓励对方说，并帮助其分析问题。这样做既表现了对他人的尊重，也会给予对方一份自信，真正做到了仔细听他人说话，他人也会在以后回报你的真诚。

可见，善于倾听并不仅是用耳朵去听，更要用心去听、去感受，并用语言进行鼓励、反馈，只有这样，才能让你交到真正的朋友。那么，我们该如何鼓励对方多说话，而让自己充当配角呢？

1.摆脱陌生人情结

如果对方不爱说话，且是陌生人，那么，你不需要特意装模作样，不过也要表现出你的诚意。其实，每个人跟陌生人交谈时内心都会不安，一定要放下陌生人情结。这样，与对方交谈的时候，才会显得随意轻松，在谈话时要关注对方的表现，如果对方不感兴趣，就得停住你谈的话题了。

2.拉近关系，更易打开话匣

你可以和对方套套关系，拉近彼此间的关系，交流起来就会顺利得多。这里"套"的"关系"，可以是朋友，可以是同学，可以是共同参加过某个会议，可以是都曾去过某个地方……总之，只要是可能拉近与对方关系的经历都可以。但你还需要注意的是，千万不能提及对方不想提及的内容，或者是对方不感兴趣的话题。

3.重视对方说的每一句话

那些说话妄自尊大，小看别人的人总会引起别人的反感，最终在交往中使自己走到孤立无援的地步。与人沟通，目的在于交流意见、达成共识，只有重视对方说的每一句话，才能赢得尊重。

4.懂得倾听，并适时反馈

沟通并不完全是说的过程。我们有说的权利，但每个人都希望被倾听，这是一种自我价值的认定，反馈则是倾听的最好证明。只有满足对方说的欲望，才会让人对你产生亲近的愿望。

5.赞美对方，巧化心防

人与人交往，谁都有一定的防备心理。你若想在初次见面就成功化解他人的戒备心，并且成功赢得他人的欢迎，可以尝试一下打开人际交往局面的通行证——赞美他人。赞美越是贴切、自然，越是能说到对方心坎里，就越能消除几分与对方的陌生感。

的确，在交流中，任何人都希望能得到别人的肯定性评价，都在不自觉地强烈维护着自己的形象和尊严。可见，从心理学的角度看，如果你能鼓励对方多说话，就能让他感觉优越，他会更与你亲近。

在谈话中，只以自己为中心，好像他人都不存在似的，长久下去，必然会令人生厌。所以，在与他人交谈时，给对方创造说话的机会，要比我们自己说好得多。

听完先肯定对方，别急着反驳

我们与人沟通，都希望对方能接受我们的观念，但很多情况下，人们常常会各执己见、互不相让，这就造成了矛盾和冲突。如果我们想要成功让对方接纳我们的观点，我们就要先进入对方的内心世界。一开始就针锋相对，对方就会产生逆反心理，我们也很难达到说服的目的。所以，我们在反驳他人之前，最好先倾听对方所说的话，然后给予肯定，这样能打消对方的逆反心理，真正让对方接受你的观点。

然而，人们往往都很喜欢争论，特别是在聊天的时候，不论大事小事，为了说服对方，都喜欢争辩一番。从某种意义上说，争论是人的一种天性。因为思想、认识的不同，其中一方为了说服另一方，就会发生争论，而这也正是人们的一个误区，他们认为，只有争论才能说服别人。人们又都喜欢显示自己的聪明，在争论中击败对方，就是一种难得的精神享受。心理学知识告诉我们，人们更愿意在愉快和谐的过程中接受他人的意见，而这也是很多人成功说服别人的一个原因。

某保健用品公司的销售员正在和客户沟通订购保健仪器的事。

销售员："先生，您好，我是某某保健仪器公司的销售员，您看，这是我们公司新研制的保健仪器，目前刚刚投入市场，非常受欢迎。它对腰椎、颈椎、肩膀都有很好的保健功效，特别适合有颈椎病的患者使用……"

客户："请你等一下，你是哪个公司的？"

销售员："我是某某保健仪器公司的。如果您知道我们的牌子，那就更好了。您以前一定接触过吧？"

客户："听说过，没敢接触过。你们的产品谁敢接触啊！"

销售员："您这话是什么意思？"

客户："听说你们的产品质量经常出现问题，还出过一些事故呢。而且，听你的介绍，价格也不便宜，我可不买这样的产品。"

销售员："谁说的，我们的产品从来没有过质量问题，我们的产品还出口呢，怎么可能有问题，真是的！"

客户："谁不说自己的'瓜'甜，质量再差的产品在你们嘴里也能成为优质产品。你们的产品我不需要。"

销售员："怎么会？您不能随便相信外面的传言啊。我们公司的产品是有质量保证的，您看这是产品质量鉴定书还有获奖的宣传册……"

客户："不用看了，用不着你来教育我，自己的产品有问题就不要到别人身上找原因。你还是走吧。"

销售员："你这个人怎么这样不讲道理，真是的。"

案例中，这位销售员犯的最大的错误就在于直接反驳客户，与客户发生争执。假如他能以实事求是的态度倾听，用婉转迂回的方式沟通，销售结局恐怕大相径庭。对于客户的异议，若销售员直接否定客户，就如同用一把大刀将销售工作拦腰截断。一旦对客户直接反驳，销售工作就很难再开展下去，销售员再多的努力也将无济于事。

通常情况下，人们都没有意识到说话用词给人的重要性。实际上，聊天讲话如果能让对方眼前浮现出各种各样的形象，听众就会感到轻松、惬意，并愿意继续听下去。而如果话题含糊笼统，语言平铺直叙，那么，恐怕只会让对方昏昏欲睡，激不起聊天的兴趣，甚至产生厌倦的情绪。

可见，在沟通中，听完对方的陈述后，使用先肯定后否定的迂回战术，对于说服他人有奇效。心理学的研究指出，轻易地说出"不"字，容易造成谈话双方情绪的对立。否定的反应是最难克服的障碍。那么，劝人的过程中，我们该使用什么样的战术呢？

对此，美国著名学者霍华曾经提出让别人说"是"的30条指南，现在摘录下来8条，供我们参考：

要照顾对方的情绪；

要以充满信心的态度去说服对方；

找出引起对方注意的话题，并使他继续关注；

切忌以高压的手段强迫对方；

直率地说出自己的希望；

尽量以简单明了的方式说明你的要求；

要表现出亲切的态度；

要让对方证明，为什么赞成你是最好的决定。

边倾听边思考，从对方话语中挖掘出有用信息

在这个商业社会的信息时代，我们时时刻刻都接收着来自外界的信息，其中有积极有利的信息，也有无关紧要的信息。但只要我们多加留意，就能收集到有助于自身发展的信息，而寻找的途径有很多种，其中就有倾听。

的确，很多情况下，我们与他人之间存在信息差，而这也是我们沟通和倾听的目的，只有善于倾听，才能把握对方言语间的真实意图，才能采取进一步的策略。同时，把谈话的主要地位让给对方，也是一种尊重和理解他人的表现，这样做能换来对方的好感。

我们在沟通的时候，不仅应该做一个认真的听话者，同时还应该做一个谨慎的听话者，要听出对方言语中真正有益的信息，只有这样，才能达成我们的沟通目的。

一日，有一个年轻人去拜访苏格拉底，希望能从苏格拉底身上学习一些演讲的技巧。

苏格拉底刚开口没说几句话，这位年轻人就打断了他，且滔滔不绝地讲述自己的想法，以显示自己的才能。

苏格拉底说："我可以教你演讲，但必须收双倍的学费。"年轻人问："为什么要双倍呢？"苏格拉底说："我要

教你两门课，除演讲外，还要上一门课——怎样闭住嘴听别人说话。"

苏格拉底这段话透露了两层意思，在诉说之前一定要倾听，倾听是诉说的前提。同时，苏格拉底在表达自己观点的时候，并没有选择直接指出，而是采取委婉暗示的方法。这样既指出了青年人应该改正的缺点，又不至于让年轻人失了面子。

苏格拉底的故事同样给了我们一个启示：倾听不能"傻听"，要听出关键点，听出问题的实质，才能在反馈时做到对症下药，否则就会本末倒置。而且，倾听是有效沟通的重要基础。善于倾听的人总是注意分析哪些内容是主要的，哪些是次要的，以便抓住事实背后的主要意思。我们倾听他人说话，也要抓住关键点，不要被个别枝节所吸引。

倾听时摒弃主观色彩，才能更客观公正

不管是在生活中还是在工作中，我们每天都会遇到形形色色的人和事。细细想来，我们在看待这些人和事的时候，难免会犯主观武断的错误，从而导致自己无法更好地与他人相处。实际上，倘若我们能够在倾听他人说话时摆脱主观因素的影响，更加客观公正地倾听，也许就能改变自己的思路，柳暗花明，心中豁然开朗。

毋庸置疑，每个人都会本能地从主观角度出发看待问题，发表带有主观色彩的意见，从而给他人带来一定的引导。作为倾诉者，我们把这种引导带给了他人；作为倾听者，我们也在不知不觉中接受他人这样的引导。实际上，一个人越是客观公正，就越是能够掩饰自己。

具体而言，我们在经历某些事情的时候，可以先把自己定位成旁观者的角色，这样就能够保持平静和理智，从而尽量客观。我们还应该三思而行。倘若我们总是迫不及待地张口就来，则很容易受到本能的驱动，失去思考和判断的能力。我们唯有保持情绪的平稳，表述的时候尽量使用不具感情色彩的中性词语，才能给予他人更多的客观意见。

作为慧慧的闺蜜，小丽自然是站在慧慧的身边，不管遇到什么事情，她都是慧慧的支持者和拥护者。

前段时间，慧慧和老公赵凯吵架了，冲动地跑来找小丽倾诉，还在一气之下说了很多关于赵凯的坏话。为此，小丽也顺着慧慧的意思，把赵凯狠狠地骂了一通，还说了一些自己不喜欢赵凯的话。

不想，夫妻之间床头吵架床尾和好。才刚刚一天，慧慧就跟着前来接她的赵凯回家了，两口子再次甜蜜幸福。这时，慧慧想起小丽说赵凯的那些坏话，不由得一时口无遮拦，居然全都告诉了赵凯。对于慧慧和自己生气时的言行，赵凯当然毫不介意，毕竟天底下没有不吵架的夫妻，但是对于小丽落井下石的那些话，赵凯却耿耿于怀，对小丽的印象也越来越差。

有一天，正值慧慧的生日，小丽也到场了，和很多朋友一起为慧慧庆祝生日。借着酒过三巡的糊涂劲头，赵凯趁着慧慧不注意，对小丽说："小丽，你也真是咸吃萝卜淡操心，没把我和慧慧搅和得离婚，你是不是很遗憾啊！你心里大概也盼着慧慧和你一样成为离了婚的单身女人吧。我告诉你，以后你还是离慧慧远一点儿，这样我们夫妻生活才能更幸福。"赵凯的这番话让慧慧很惊讶，她不知道自己如何得罪了赵凯，直到很久以后她才意识到自己当初不应该仅听信慧慧的一面之词，就说赵凯的坏话。如今人家夫妻还是夫妻，她与慧慧却无法继续当无话不谈的闺蜜了。

在这个事例中，小丽可谓哑巴吃黄连，有苦说不出，她在闺蜜慧慧因为琐事和丈夫吵架后，马上顺着慧慧的意思说她丈夫的坏话，可她忘记的一点是，小丽吵架的对象是她自己的丈夫，所谓夫妻床头打架床尾和，小丽的言行反而给了赵凯很大的压力。由此一来，赵凯岂能喜欢小丽呢？丈夫和闺蜜之间，慧慧一定会选择维护家庭，小丽也就失去了一个好朋友。

可见，人际沟通中，不管找我们倾诉的对象是谁，我们都不能偏信对方的一面之词。所谓兼听则明，偏信则暗，我们只有客观公正地待人接物，才不至于因为过于主观导致事与愿违。

倾听中插话要有技巧

对于倾听，很多人认为既然是"听"，那就只需要两只耳朵就行了。不要认为听者就是一个不说半个字的沉默者，听者也是需要适时说话的，这就是倾听中的插话。插话就是听者在倾听过程中，适时表达自己的想法和观点，或肯定，或赞赏，或提问，以调动说话者的情绪，让对方继续说下去。

当然，插话并不是"抢话"，你所说的话应该利于说话者继续说下去，而不是打乱对方的思路，企图抢过话题自己说。灵活插话的听者会受人欢迎，但胡乱抢话的人却让人心生厌恶。

事实上，有不少领导、长辈，他们常常不太习惯成为"听者"。在现实工作中，我们常常看到许多领导在听到下属的汇报时，就开始摇头："别说了，我都明白了。"或者父母在子女正说到高潮的时候直接说："我现在没空听你说这些。"不然就是："据我了解，事情是这样的……"一下子就抢过了话题。虽然，在这种上下级、不同辈分之间，权力高者、辈分高者往往有一定的优越感。但是，正是因为拥有这种"高人一等"的身份，才更应该掌握一些插话技巧，而不是以权势压人，以强势的姿态抢过他人的话题。

因此，我们倾听他人说话的过程中，应保持良好的风度。什么时候插话最合适，插入什么样的话，自己心中都应该有所考量，如此，才能促成良好的沟通。

王姐是办公室主任，虽然她已经四十好几了，但她与办公室里那些年轻下属打得火热，其中原因就是她懂得有技巧地与下属聊天。

这天午休的时候，王姐和下属在餐厅里用餐，只见办公室新来的小安坐到了自己旁边，王姐关切地问："最近工作还习惯吗？"小安只是简短地回答："还行。"王姐觉得小安的注意力好像根本没在跟自己说话上，而是有意无意地整理着自己的上衣，好像对自己的上衣很在意。

经常与年轻女孩子打交道的王姐明白了，她忍不住夸赞："你这件上衣好漂亮呀！你的眼光真不错。""啊？"小安的视线转移到了王姐身上。"这种上衣的款式很少见，是在隔壁的百货大楼买的吗？"王姐满脸热情，笑呵呵插话，希望能引起小安说话的兴趣。

"当然不是，这是从国外买来的。"小安终于开口了，并对自己的回答颇为得意。"原来是这样，我说在国内从来没有看到这样的上衣呢。说真的，你穿这件上衣，确实很好看。"王姐再次有技巧地插话。"您过奖了。"小安有些不好意思。"对了，可能你已经想到了这一点，要是再配一条合适的项链，效果可能就更好了。"平时喜好装扮的王姐友好地提出建议。"是呀，我也这么想，只是项链这种昂贵商品，怕自己选得不合适……"

两人就这样聊了起来。

在日常交际中，双方的沟通最忌讳彼此沉默不语，或者对方总是一副爱理不理的样子。这时候，我们就应该适时"插话"。在对方说话的时候，作为听者，应给予一定的肯定与赞赏；在对方沉默的时候，则应适当提问，让说话者继续说下去，这样，你才能从中获取到更多的信息。在上面这个案例中，王姐运用"插话"的技巧，成功地和同事小安拉近了关系。

那么，在实际交流过程中，我们该如何进行灵活插话呢？

1. "我愿意听你说话，无论你说的是什么"

有时候，对方很愿意跟你讨论某些事情，但又担心你可能对此不太感兴趣，这时，对方脸上会显露出犹豫、为难的神情，这时，你可以趁机插话："你能谈谈那件事吗？我不十分了解。"或"我对此也是十分有兴趣的。"你插话所表明的意思是"我愿意听你说话，无论你说的是什么"，如此可以消除对方的犹豫，使对方能够放心说下去。

2. 顺势而说

有时候，当对方正说到心烦的时候，在讲话时不能控制自己的感情的时候，这时，你可以顺势而说："你一定感到很气愤。""你似乎有些心烦。""你心里很难受吗？"我们作为听者，你的责任是疏解对方的情绪，为他架设一条"输导管"，而不是强化对方的坏情绪。

3.简单概括对方所说的话

当对方急切地想让你理解他的想法时，你可以用简单的几句话来概括对方刚说出的话。诸如"你是说……""你的意见是……""你想说的就是这个意思吧……"等，以此验证自己对谈话内容的理解程度。

4.适时提问

当然，最佳的插话是"提问"，适时提问，让对方有兴趣讲下去。在倾听过程中，只是敷衍而木讷地听对方讲述是不行的，还需要鼓励对方继续说下去，所以，在倾听的过程中要适时地提问，以引起对方的注意和说话的欲望。

在倾听过程中，要把握提问的时机。一般情况下，当对方正在诉说事情的时候，不能打断对方进行提问，而是应该需要等待合适的时机再进行提问。比如，对方说完之后有稍微的沉默，这就是最好的提问时机。

倾听时细心观察，时机合适时再表明自己的观点

生活中，我们每个人都希望自己拥有出色的口才，但口才有个重要的标准，那就是说出对他人胃口的话，包括什么时候开口，什么时候闭口，开口该说什么，不该说什么等。可见，口才的重点不在于说"多少"，而在于是否说得"巧"。深谙倾听技巧的人都有一些共同的特点，那就是在认真听对方说话时懂得察言观色，懂得见缝插针，能观察对方的情绪，然后看准时机再接话，并能说出让对方乐于接受的话，进而轻松达成自己的目的。

小柳是某化妆品公司新来的员工，虽然她才入职不久，但因为她曾学习过一些销售心理学方面的知识，所以在推销产品的过程中，她总是能游刃有余。

有一次，店内来了一位中年女士。顾客进店后，小柳并没有跟在对方后面不停地介绍，而是把主动权交给了顾客，自己站在一旁观看。后来，顾客停下了脚步，对柜台上的某件产品很感兴趣，拿着一套化妆品翻来覆去地看。小柳非常高兴，觉得眼前这位女士一定是个准顾客。但她还是不动声色，在一旁观看顾客的脸色和神情。

果然，过了几秒后，顾客抬起头，好像在寻求销售人员

的帮助。此时，小柳才走过去，为顾客介绍化妆品的优势和特点。

"这个产品我用过，很不错，帮我包起来吧。"这是这位女士的结论。最终，她买下了这套化妆品。

事后，同事问小柳："店里来了客人，我看你也并不热心，怎么就这么轻松地搞定顾客了呢？"

"一般来说，这般年纪的女士，对化妆品都很了解，我不必喋喋不休地介绍，这样反倒招致顾客的反感，你们也听见了，她说她用过那款产品。另外，我站在一旁，并不是不关心顾客，而是在观察，顾客由低头审视产品到抬头，说明她已经产生了心理的变化，她在寻求帮助，我这时候再出现，不是恰逢时机吗？"听完小柳的这番陈述，同事们一个个佩服得五体投地。

我们发现，案例中的化妆品销售员小柳是个聪明的人，她并没有花费过多的精力，就轻松地搞定了客户，这是因为她懂得观察和见缝插针，在关键时刻才站出来为客户解说产品。而相反，一些销售员无时无刻不在发挥自己的口才，但似乎并不见多少成交。这是因为他们只顾从自己的角度介绍产品，发挥自己的口才，而没有观察客户，说出客户真正想听的话。你的产品即使再好，如果不能解决客户存在的问题，那么，即使你说得天花乱坠，也不能说服客户购买。可见，如果一个销售员懂得有的放矢地说话，即使辞藻不多，也能说得客户心服口服。

精于口才者，最擅长察言观色。善于沟通的人，无论是在自己说话的时候，还是在对方说话的时候，他们总是随时地留意着对方面部的表情、眼神以及身体各部分的姿态。随时判断谈话的状态、对方的心态、表达的意思等，然后将自己的观点、看法得体地说出来。

为此，你需要把握两点原则：

1.选对开口的时机

在社交或工作场合中，开口应选择适当的时间。当对方无兴趣、无要求、心情不好，或正在休息、用餐、忙于处理事务时，切忌去打扰，以免尴尬。

2.把握交谈对象的心境和现场气氛

说话不要冗长啰嗦，有时候解决问题只需要简短的一两句话，因为吸引别人的也许正是开篇的某个亮点。同时，我们在说服的时候，要避免谈论会让人讨厌的话题，不要一直一个人发表高见，也要学习倾听别人说话，解读现场的气氛，看准时机再发言。

总之，说话是一门学问，倾听更是一门学问，将听和说结合起来更考验我们的智慧。我们要在听完对方的话后，将反馈的话说到对方心里去，展示出自己的交际品质，让对方觉得你是一个有个人风格的人，对你产生良好的印象，你也就成功达到了目的。

第 6 章

让你在职场左右逢源的倾听术

身处职场，要开展工作，就离不开同事、上司、领导的支持，而我们也发现，那些善于倾听他人意见的职场人士总是能在工作中游刃有余。因为倾听意味着尊重、理解和关心，是成功沟通的一个关键因素。"倾听永远凌驾于说之上"，我们不要总是滔滔不绝，而要学会做一个有智慧的听者。

认清地位，多倾听少说话让领导感觉被尊重

中国有句古话，"与人交谈，要想着说，而不能抢着说"，这同样是身处职场的我们与领导说话应该遵循的准则。毕竟与我们说话的是领导，双方的地位已经很明显，说话毫无边际、滔滔不绝会让领导很反感。也不要因为你的上司很随和，更不要因为你的上司几乎和你一个年龄，就开始在和上司说话的时候抢夺话语权，即使再随和、年龄再小的上司，都会有一种意识：他是你的上司。因此，你要在言语中表达出这种职位的高低之分。

正确的做法是学会倾听，多听少说，适当予以回应，让上司感受到被尊重，看到你谦和的态度，这样才会使得交谈结果有利于你。

赵琳是一名文秘，性子很直，但脾气很不好，有时候连上司都敢得罪。

有一天，她正在整理一份文件，领导突然叫她："小赵，昨天下午说过的那个材料表今天一定要交给我。"赵琳的思绪一下子被领导打乱了，心中怒火油然而生，就随便回了一句："知道了，你没看见我在写吗？"

赵琳说完，领导倒是没说什么，可是出办公室的时候把门

摔得很重。赵琳自然很委屈，对同事说："我正整理材料呢，他叫我把材料给他，又不是看不见，这不是故意刁难我吗？"同事说："可是你想过没有？他毕竟是领导，你这样做，会让他很难堪。他不能因为你的言行上的失误而把你辞退，但是你在他心里的印象就会变得很差了。"赵琳听完以后，发现是自己错了。

这一案例告诉我们，身处职场，与领导沟通时一定不要忘记，他是上司，你是下属。要搞清楚谁主谁次、谁尊谁卑，这种地位差距下，无论领导说什么，好好听，就不会和领导产生摩擦和矛盾。如果不顾领导的面子，因为无心而顶撞他，有时一个小小的错误，发展到后面就会变得很严重，案例中的赵琳就是这样得罪了领导。

所以，与上司沟通，一定要认清自己的角色，要学会听。那么，我们具体该注意些什么呢？

1.不要在言语上争胜负

有人说，吃亏是福，和领导说话也是，尊重领导，给他语言上的优越感，你会得到上司更多的垂青。相反，如果你一定要和领导争出对错，即使你说赢了，你也输了。

2.只管接受，别计较领导的授命

工作中，领导可能会临时交给你一些工作，你要心态平和，然后接受工作，临时的事是一定要有人做的，你要一口答应，一肩挑起。最难做到的是毫无怨言，如果你毫无怨言地去做，你的上司会非常感激你，他即使当时不说，也会利用另外的机会表扬你、奖励你。而且，领导让你临时受命，是重视你、信任你的一种表现。

小张是一名记者，是单位公认的老好人，也有人说他傻。可正因为这一点，他有一次歪打正着，好人有好报，居然升了职。

有一天，他和同事小何正准备下班一起回家，因为他们已经连续加了一个星期的班，终于有时间可以好好休息了。可这时上司进来了，对小何说："小何，你先别走，公司有一个非常重要的客户来了，你来帮忙招待一下。"小何带着浑身的疲惫和委屈，没好气地说："凭什么叫我接待呀？我已经下班了，当时招聘我来时，你们没有讲过要加班啊。"

这时小张为了帮小何收场，赶紧说："我去接待吧，小张可能有事。"

领导让小何接待本来是想提拔他，没想到他的态度毁了自己的前程，而小张则顺其自然地成了主管。大家都开玩笑说，好人有好报。

下属应该分清自己和上司的角色，对于上司交代的任务应该义不容辞地去做，如果有什么理由应该说清楚，而不是去顶撞。并且，有时上司多给你安排一些工作，事实上是在考验你，或从心里觉得与你关系更近些，这其实是你一个很好的机会，如何把握就看你自己的行动。

3.永远不要冲撞你的领导

无论领导说了什么，都不要去冲撞他，否则便是自讨苦吃，除非你能另谋高就。

当领导主动找你倾诉时，一定要感同身受

当今职场，很多人认为下属和领导永远是对立的关系，和领导敬而远之就能相安无事，这种想法是消极的。因为我们在日常工作中，不可能不与领导接触，避免不了与领导沟通，再者，与领导沟通的好坏，也直接影响着我们的工作状态和工作效率。

我们知道，领导与下属上下有别，为了表示自己的权威和尊严，领导一般不会与下属闲聊。但实际工作中，领导有些时候会主动与下属沟通情感，倾吐自己的肺腑之言，面对这种情况，我们一定要学会巧妙应对，要懂得用心体会领导的感受，这一点特别重要。因为如果你能站在领导的角度去考虑问题，感受领导的内心世界，感知他的压力，并表示理解，你很快就能与领导产生情感上的共鸣，这也正是沟通的意义所在。

小宋是一家大型外贸公司的总裁秘书，她的老板是个脾气古怪的人，底下员工都不喜欢他。因为和老板接触多，老板很多时候还会对小宋发脾气，受了委屈的小宋经常会想到辞职。

但突然有一天，老板对小宋说："我知道我是一个很难相处的人，公司没有人喜欢我，背地里也没少议论我，可是我也是没办法啊，我尝试过相信别人，可是我被骗得身无分文。那

时候我还是个小个体户，正准备与我的好朋友合开一家大一点的外贸店，但我把门面装修完，连服务员都请好了，把钱交给他进货，他却拿着我那时候身上所有的积蓄跑了。"小宋明白了，因为这件事，原本话不多的老板变得越来越内向了，不愿意与人沟通，不相信别人，事无巨细都要自己去做。在一些具体工作的细节上，他又特别苛求，对自己和别人都是一样，于是成了一个"绝对的完美主义者"。如此一来，那些下属也都害怕他，当然，敏感的他对自己的这种状况心知肚明，但除了痛苦，别无他法。

小宋虽不明白老板为什么对她说这些，但她还是被老板的这种痛楚感染了，她以一贯的笑容对老板说："那些往事都已经过去了，况且，要不是那时候经历了这一番痛苦的心理折磨，您怎么会有今天如此辉煌的成就呢？"

老板笑了笑，对小宋说："那时候年轻，什么都不懂，正因为这样，吃了不少苦头啊！"末了，老板又说："真正了解自己的性格特点，不仅能帮助你在选择伴侣时少走弯路，建立一个美满、温馨的家庭，还能让你在工作上也称心如意，事半功倍。"

小宋这下子听出来老板的意图了，于是说："这正是您的优点，对事要求严格，这样的态度值得我们学习，我非常荣幸和您共事。"

小宋和她的老板一直这样快乐地聊着天，她始终记得自己是领导的秘书，让领导充满自信地工作，也是自己的职责。果然，在以后的共事中，她与老板有了更多的默契。

案例中的下属小宋的做法就是正确的，面对老板的肺腑之言，她能用心体会、感同身受，让老板感受到自己被理解和支持，这次开诚布公的交心自然能加深下属和领导之间的情感，有利于日常工作的开展。

同时，我们从这个案例中还可以看出，领导向我们吐苦水，并不等于他需要我们的帮助。也许，他有时候是拿自己的苦水来暗示你，此时你要做的是给他一个肯定的答复，让他放心和安心。小宋就是聪明的，当她向领导保证自己愿意和领导共事时，也就给领导吃了一颗定心丸。

每个人都有自己内心没有被挖掘的地方，当领导愿意向你吐露这些心声时，说明他信任你，希望获得你的理解和支持，或者希望你帮忙解答他心中的疑问，这时候，你更需要站在他的角度，帮他走出阴影。

而要做到这些，我们要从以下几个方面努力：

1.用心去听、去感悟

当领导倾诉的时候，用心去听是表达尊重的最好方式，千万不要在他意兴正浓的时候打断他的谈话。用心去听，感知他的内心世界，寻找最好的方式予以回应，正是你此时应该做的事情。

2.在适当时候予以回应

一味地听只会让领导觉得你像个木偶，他的苦水与衷肠得不到别人的同情和回应，他高昂的情绪会很快低落，热涨的激情也会冷却，这对于接下来的沟通是不利的。

3.注意沟通技巧

在倾吐过程中，在没有对工作产生影响的情况下，首先，你可以采取主动的方式引导领导一步步诉说，但还要注意态度和说话方式，否则领导会觉得你不尊重他；其次，你需要注意的是，如果领导主动和你诉说的是非工作上的事，你需要顺从领导，尽量防止沟通过程演变为商讨问题、向领导汇报工作、让领导进行工作评价等其他的沟通类型，这样会"辜负"领导对你倾吐的诚意。

有时候，和领导一个眼神的交流，一次开诚布公的交谈，能使我们与领导的关系获得出乎意料的良好进展。而这些都需要我们学会用心体会，学会去感知、感悟、交流。

听懂领导话外音，准确领会其意图

无论是日常工作还是生活中，有时候人们所表达出的语言并不是内心所想，但是细心的人往往能听出弦外之音，这就是人们常说的"话外音"。人们借"话外音"进行幽默调侃、讽刺发泄、批评鼓励、摸底打探……而作为日常生活的一部分，职场生活也不能脱俗，与领导沟通中，自然也是存在话外音。

有职场调查资料显示，在被问及你经常遭遇哪类人的"话外音"时，有60%的职场人选择了"同事"选项，而选择经常遭遇老板话外音的人也超过三成，达到32.1%，遭遇"客户话外音"的比例最低，为7.9%。

身处职场，当你在倾听领导说话的时候，如果不能听懂领导的"话外音"，便不能意会或意会错领导带有隐含意思的语言，轻则会把领导的鼓励当批评，把领导的嘲讽当作"补药"；重则会把错的事认为是对的，对的事反而认为是错误的，从而直接影响你对事物或人的判断。

小罗在一家小公司的市场策划部门工作，公司的员工常常要身兼数职。工作一年多来，很少有准时下班的时候。

今年年初，老板找他单独谈了一次话，起初他先把公司未来几年的发展和规划描绘了一下，还把一些预算和公司盈利都和小罗透露了。而后，老板又把小罗大大地表扬了一番，小罗还以为涨薪的日子来临了。可是，整个谈话结束也没有出现这样的"苗头"，老板最后只是抛了句："小罗啊，公司不会亏待你的，要好好努力哦。"当时，小罗心中喜忧参半，虽然目前加薪还没落实，但总算还有盼头，说不定再过段时日升职也不是没可能。

就这样，他又拼命地干了大半年，直到觉察到老板对那些因不堪工作重负而跳槽员工的态度，他顿时觉悟了，那次谈话的真正意思是："你们这些人都是靠公司培养的，已经待你们不薄，要加薪没门！要走就是叛徒！"而资历还浅的小罗，对这一切只能选择默默承受，再也没有工作的激情。

案例中的小罗因为听错了领导的话外音，会错了领导的意，以为要升职加薪，结果空欢喜一场。

其实，职场"话外音"很多，但领导的"话外音"一定要听出来。一般情况下，领导高高在上，与下属接触的机会不多，很多下属就以为领导高深莫测，其实，正因为领导是领导，他们说话往往离不开工作，比如，加薪、升降职、绩效考核或者裁员、招新等，从这些方面把握领导的话外音，会更容易把握到主旨。

可以说又不明说，暗藏潜台词，这是领导说话的常见方式，也正表明了一个领导的说话水平，当然，"话外音"并不一定是恶意的。做个有心人，懂得察言观色可能会事半功倍。这就要求我们在与领导沟通的时候认真倾听，把握领导话语间的真实含义，让听懂"话外音"有迹可循。

"话外音"有些是忠告，有些是调侃，有些是寻求帮忙等，而这些都需要我们会听。要听出领导的"话外音"，我们就要做到：

1.善于观察，听语气

领导说话时候的语气，能够使其意图暴露无遗。如果是鄙夷的语气，那么，领导很可能看不起你；如果说话中肯，则是肯定你；如果带有疑问的语气，可能在征求你的意见，把握这些，便能更好地把握"话外音"。

2.镇定自若，始终保持良好的态度

其实，不管领导对你说了什么，你都需要镇定自若，因为很多时候，领导只是试探你，考察你的心理素质、文化水平以及综合素养等，而良好的态度无疑更容易获得领导的肯定。

小李是一名技术顾问，当时是朋友介绍他进了现在这家公司，小李和现在的老板私交甚好。

有一次，老板特意安排小李和他一起去美国出差。但当时想与老板同去的人很多，这件事被大家谈论得很热烈。考虑到影响的问题，老板当着大伙的面先问了小李一句："小李，你的英语很不错吧？"可能当时也没考虑太多，小李老老实实地回了句："我的英语很差啊。"话刚从嘴里溜出，小李身边的同事便举手自荐，忙说自己英语还不错。忽然间，小李就觉得自己做了件傻事，心想："老板只是给你一个去的机会。只管点头不就好了，这下把机会拱手相让。"

果不其然，那位自荐的同事顺利去美国出差，而小李知道，当时在场的几个人英语水平都很一般。

案例中的小李因为会错领导意，在领导试探他的能力时，没有给出恰到好处的回复，结果白白让机会丢失，着实可惜。

3.总结经验

一个有经验的职场人士，会把每一次听出的"话外音"总结起来，长此以往，听领导的"话外音"将成为一种本能与习惯。有句话说得好："吃一堑长一智。"身处职场，多留个"心眼"总是好的，我们要做的并不是每次都能听懂领导的言外之意，而是要善于总结和分析，当然，这并不是要我们学会猜忌，因为"话外音"也并非都是恶意的。细心的领导、职场前辈会利用"话外音"达到指导却又不伤害对方的完美的效果。另外，话外音也并非只是语言上的，一个眼神、一个表情都可以达到传神达意的效果。

总之，听职场"话外音"，是对自己职场情商高低的一次小测试，具备这一本领，会让我们在职场游刃有余。

领导要放下强势作风，听听下属的心声

身处职场，人们在工作和生活之中每时每刻都进行着沟通，从事管理的领导也是如此。但对于沟通的真正意义，并不是所有的领导都能领悟，同时，善于运用沟通的技巧，并能够进行有效沟通的领导可能少之又少。而其中重要的一条沟通技巧就是倾听，可以说，倾听是上下级沟通的开始。

然而有些领导作风强势，这对于果断、迅速地解决问题是有帮助的，但也会使领导听不进去他人意见，而导致一意孤行甚至导致决策失误。

三国时期，关羽、张飞的离去，让刘备万分痛心，于是他决定讨伐吴国。他带领几十万大军一路披荆斩棘，杀入吴国境内。眼看吴国就要败了，可是在这关键时刻，孙权力排众议重新起用陆逊。

刘备亲自在猇亭布列军马，直至川口，接连七百里，前后四十营寨。白天的时候，旌旗多得可以遮蔽太阳，夜晚的时候，军营发出的火光把天都照亮了。

这时候，细作突然来报说："东吴用陆逊为大都督，总制军马。逊令诸将各守险要不出。"刘备问道："陆逊是何人？"马良上奏说："逊虽东吴一书生，然年幼多才，深有谋

略；前袭荆州，皆系此人之诡计。"刘备立即大怒："竖子诡计，损朕二弟，今当擒之！"便传令进兵。马良马上进谏："陆逊之才，不亚周郎，未可轻敌。"刘备不禁失笑："朕用兵老矣，岂反不如一黄口孺子耶！"于是亲自率领着前军，攻打诸处关津隘口。

刘备自恃自己用兵已经多年，深知兵法，他在一开始就对陆逊有了轻视之心，面对来自马良的建议，刘备拒绝倾听，不禁失笑："朕用兵老矣，岂反不如一黄口孺子耶！"这样的自恃雄才直接导致了后来"火烧连营"，自己大败于陆逊，在白帝城郁郁而终，这就是没有倾听下属建议的结果。

因此，身处职场，无论是与下属还是上级沟通，也无论沟通的场合是严肃还是轻松，在你开口前，请记住一定要多听，只有倾听，才能为你在回答问题时提供更多的思路。当我们养成倾听的习惯时，就必然会了解自身的问题、挫折以及需求。同样，领导只有能认真听取下属的意见，你才能很快建立一支高效能的队伍，并且，这样的高效还会很持久。

在管理工作中，领导是否能倾听员工的心声，关系到员工积极性是否能被激发。可想而知，一个人的思想若出了问题，还怎么能卓越地完成任务呢？因此，作为管理者，要经常与员工沟通，一旦发现问题，就应耐心地去倾听他的心声，找出问题的症结，解决他的问题或耐心开导，才能有助于管理目标的实现。

而事实上，有相当一部分人，尤其是领导，还是抱着古板的沟通观念和习惯，他们认为，下属和员工听从自己的意见和指令都是理所当然的事，于是，他们经常会这样说："我说了这么多，你们觉得我的观点怎么样？"此时，可能根本没有人愿意回应他们的话，这是因为他们没有意识到倾听才是沟通的开始。

我们之所以有两只耳朵一张嘴，就是要少说多听。如果我们总是张着嘴说话，学到的东西肯定非常有限，了解到的真相也会少得可怜。

因此，一位管理者要成功，很有必要先听听自己的职员都在说什么，多听听他们的意见和建议，这对管理工作相当有必要。

当然，倾听并不是那么简单的，管理者不仅要用耳朵去听，更要用心去揣摩。那么，在倾听过程中，我们应该注意哪些问题呢？

1.表现出耐心

下属的谈话在通常情况下都是与心情有关的事情，内容可能会比较零散或混乱。这时要有耐心地听完下属的话，如果你自以为是地去理解，去提出意见，就会产生不好的效果。

2.引导性揭问

在倾听的过程中，可以通过引导性提问，让下属继续说你需要了解的部分。比如，"后来发生什么事情了？""为什么会出现这样的情况呢？"

3.不要随意打断下属的谈话

下属的诉说是一个自然过渡的状态，因此，在倾听时不要随意打断下属的谈话，也不要借机把谈话主题引到自己的事情上，或随意加入自己的观点作评论等，这都是不尊重下属的表现。

4.不要胡乱猜测或者争着抢答

面对下属正在诉说的事情，领导不要胡乱猜测或者争着抢答，这样会打乱下属的思路，不利于他继续说下去，应该让下属自然过渡到你需要了解的部分。

有时候，最有价值、口才最好的人，不一定是最能说的人。善于倾听，是一个卓越的领导应具备的最基本的素质。作为领导，要想处理好与下属之间的关系，保持虚心倾听的态度很重要。

面对领导的批评，多听少说才是良策

身为职场中的一员，我们每天都要和上司打交道，由于工作中出现偏差、被上司误解等原因，难免会被上司批评。其实，谁都不愿意被上司批评，更不愿意上司当着同事的面批评自己，让自己颜面尽失，但是，你不妨转念一想，上司批评你，说明你还是被重视的。因此，面对领导的批评，我们不要太较真，多听少说才是良策。

只有多听少说，才能让愤怒中的领导自己将脾气发泄完，而如果你与之唇枪舌剑的话，最终受伤害的还是你。其实，不管是什么原因让领导批评你，只要你还没想调离或辞职，就不可陷入冲突，否则在这样的环境里工作不仅不会愉快，还会影响你的前程。

小邓是公司公认的美女，最近，她一改自己以前的可爱路线，在朋友的催促下，开始把自己打扮得成熟性感起来。而这被严肃的上司看在眼里，他看小邓的眼神越来越不对，脸色也越来越不好。虽然上司暗地里说过她，可是周围同事的吹捧，让小邓根本没听进去。她这么穿已经一个月了，上司的脸色随着她衣服的变化越来越难看。

那天开会，上司在会议上说："这里是公司，是上班的地方，那种花哨的衣服最好不要穿！"小邓明知道上司是在说她，但是她装作不知道。没有想到上司看她不在意，竟然点起名来批评了："比如小邓，这么穿就不合适，这里是你上班的地方，不是你相亲的地方！"其实，小邓这人脾气很好，但是上司这么一说，她真来气了："我觉得我穿什么衣服，和你无关吧。"

上司被小邓这么一激，便生气地说："这是一种企业文化！难道要我向你重申一遍？"过了一会儿，他对坐在身边的行政助理说："王助理，你将我们的企业文化理念告诉她！"于是，小邓又坐在那里听了一大堆关于企业文化的东西，当时她觉得特别难堪，也特别委屈，一时不知道该怎么诉说。

案例中，职员小邓的做法不合适，什么样的职业适合什么样的服装。而且，领导已经批评过了，自己错了就要改，更不能与之顶撞，这无异于给自己找难看。同样是被领导批评这一问题，我们再来看看职员小赵是怎么做的。

小赵供职于一家IT企业，公司不大，但充满了勾心斗角，小赵就曾被人"谋害"过。

有一天，正在工作的小赵被领导叫到办公室，然后领导把一堆文件扔在他眼前，然后很生气地问："这是你做的统计吗？"

小赵看了看，的确是，而且为了这份文件，他还花了一个周末的时间呢。于是，他沉稳地说："是我做的，我花了整整一个周末的时间呢！"上司看了一眼他，不屑地说："是吗？两天啊，时间可真不短，那是你能力有问题，还是粗心马虎啊。你看看，你做的什么文件？多么重要的信息，都没有记录！"小赵想起刚来这里的时候，同事小李对他说："上司是一名经常爱发脾气的人，做事情要防备着他，别叫他抓住小辫子。万一被批评了，就保持沉默，沉默是最好的法宝。"于是，小赵只好沉默了。

上司似乎认为他认错态度良好，就语重心长地说："做事情一定要稳重，不能想当然。一定要懂得下功夫，将所有的资料都统计清楚……"

"把所有的资料都统计清楚？"这句话让小赵很诧异，难道还有什么资料没有统计到吗？这时，他感觉事情有蹊跷，他不由得问："领导，我想知道，我这次漏了什么重要的资料吗？我不是不服气，而是想知道自己错在哪里，利于我更正错误！"上司找出他漏的资料给他看，可是他从来就没有看见过这份资料，他委屈地说："这个资料小李压根就没有给过我呀。"上司一愣，打电话把小李叫了进来，几个人当面一核对，果真是当初小李没有给小赵这份资料，事情真相大白。

这个案例中，小赵保持沉默，耐心倾听，把说话和发泄的权利交给了领导，领导很快消了气，转而和小赵一起找问题的原因。

所以，当上司批评我们的时候，要尽量多听少说，别太较真。具体来说，我们应该做到以下几点：

1.学会理解领导

要想获得领导的理解，你就必须先理解他，案例中的小邓只希望上司能理解自己的穿衣风格，但是没有站在上司的角度去分析。领导一般都很在乎员工的形象和企业文化，员工的行为错了，就不要解释，而是要倾听，找到解决的办法，重新调整自己在上司心里的地位。

2.被批评时保持良好的态度

当领导批评你，他最看重的是态度，如果你能虚心接受，他的态度就会缓和很多，而即使是领导对你有误会，也可以心平气和以后，静下心来解释。如果真的是你的工作失职，那么你最好在领导批评完之后，将被指责的事项"复习"一两遍，并尽可能地向领导陈述善后的对策或改善的方法，诚恳地请求领导给予指导。如果有机会的话，在事后也可以对领导的批评表示一下感谢。

3.控制情绪，好好沟通

假如你被上司误解，或者被同事陷害，都需要沟通，不较真也并不代表默认，你可以在控制自己情绪的情况下，和上司当面好好沟通。但是要切记，不要等事情发生很长时间之后再去解决，时间太长，即使你没错，上司也会觉得你是一个记仇的人，你给上司的印象分也就因此很低！

4.主动示好

这一点适用于那些得罪上司的下属，如果你和上司有冲突，那么你要做的是消除与上司之间的隔阂，因为毕竟你还要与其相处，除非你选择另谋高就。当然，示好最好是在非工作场合，你可以找个适当的时间和场合，以婉转的方式把自己的想法与他沟通一下。或许这一次的沟通会让你们不仅能成为工作上的好伙伴，还能成为生活中的朋友。

　　总之，对于领导的批评，你不可太较真，少说多听才是最好的解决之道。俗话说得好："忍一时风平浪静，退一步海阔天空。"一时的忍让不光是向上司表示尊重，更是我们为了生存与发展而采取的明智之举。

领导要虚心倾听，才能获取有价值的信息

在日常工作中，说话是一个传递信息的过程，作为企业的领导，在下属或其他人说话的时候，要认真倾听，这样才能捕获其中有价值的信息，才能与对方建立有效的沟通。然而，有的领导自恃自己无所不能，所以在很多沟通的场合都刚愎自用，甚至目中无人，丝毫不理会他人的想法。他们习惯在公共场合说大话，表现得极其自负，这样的领导没有办法捕获到有价值的信息，也无法与他人建立有效的沟通。

有一位国企领导在谈到自己的人生经历时说道："无论在什么情况下，都要学会倾听，当年像我这样的初级干部，全公司有近百人，而现在只有我和另外一位领导留下来了，其他的都被淘汰了。为什么那么多领导不能与时俱进，都被淘汰，而我们能走向成功？一句话，那就是善于倾听，善于在听的过程中捕获到有价值的信息。"

作为领导，不仅需要倾听下属的意见，也需要用心倾听上级的吩咐，而且，在听的过程中，并不是听到什么就是什么，而是懂得筛选话语中的信息，将那些毫无价值的信息剔除，只采纳有价值的信息，这样，你才能了解说话者，也才能与之建立有效的沟通。当然，领导要学会倾听，就应该抑制自己的自

负，否则，难以获取有价值的信息。

领导说话切忌刚愎自用、目中无人，这样只会让自己陷入孤立无援的境地。人们常说，"一山还有一山高""强中自有强中手"，不要过分自负，那样只会给自己的生活酿造苦果，最终自食其果。领导说话不要目空一切，要慎重地对待每一个人的想法和观点，不能只看重自己的能力，而不去详细分析别人的情况，就妄加猜测说"不足为虑"，这样只会导致自己因为大意而失败。

那么，作为领导，该如何倾听才能获取更多有价值的信息呢？

1.常听兼听

大多数领导习惯了唯唯诺诺之声，赞美之声，而对于下属的心声却是置若罔闻。有的领导对下属只是敷衍应付，听意见也是做做样子，这样无疑会破坏上下级之间的有效沟通。所以，对于领导来说，只有常听、兼听，才能对某些事情有较为完整、科学的认识，从而做出正确的决策，而且，还需要多听刺耳逆耳之言。

2.与下属多交流、多沟通

《论衡》中说到："知屋漏者在宇下，知政失者在草野。"倾听下属的心声，就需要多与下属接触。如果领导长期只是端坐在办公室，就无法了解下属在想什么。在日常工作中，领导应多与下属亲近，与下属打成一片，推心置腹，才能真正"听"出下属的呼声与愿望，发现其工作中的不足，进而加以改善。

　　总之，沟通是双方通过语言或非语言来交流思想感情的过程。因此，在沟通过程中，不仅需要我们说话，也需要我们适当地倾听，彼此之间是否能建立有效的沟通，就在于是否悉心倾听。领导要明白，良好的倾听能捕捉到许多有价值的信息，而这些信息将决定是否能较好地管理下属。

领导要养成倾听的习惯，迅速赢得人心

善于倾听，体现的不仅是一种理解，更能彰显一个人的谦逊，是赢得他人好感的关键。企业领导在日常生活和工作中也要养成倾听的习惯，以此表达对下属的尊重、关心和信任，从而激发他们工作的积极性。

实际上，古今中外，有许多杰出的人士都非常注重倾听。一个人有才能是件值得佩服的事，如果再能用谦虚的美德来装饰，那就更值得敬佩了。

前世界首富也就是美国华顿公司的总裁山姆·沃尔顿，他创立了沃尔玛企业，山姆·沃尔顿以前就会不断地去考察竞争对手的店面，不断思考对方到底哪里做得比自己好。回去之后他就会问自己，以及与自己的员工讨论："那我们要如何做得比竞争对手更好？我们到底有哪些服务不周的地方？我们有哪些地方需要改善？"

在沃尔玛公司，高层领导们一再强调倾听基层员工意见的重要性，即使现在公司规模不断扩大也是如此。

沃尔玛实行"门户开放"政策，这个政策的含义是，在公司内，任何时间、地点，任何员工都有机会发言，都可以以口头或书面形式与管理人员乃至总裁进行沟通，提出自己的建

议，包括投诉受到不公平的待遇。公司保证提供机会讨论员工们的意见，对于可行的建议，公司会积极采纳并实际应用。

沃尔玛公司的董事长沃尔顿先生也总是很乐于接见来自基层的工作人员，他总是很耐心地听对方把话说完，如果情况属实，或者对方的意见正确，那么，他就会认真解决与之有关的问题。同时，他要求公司每一位经理人员认真贯彻公司的这一思想，并要付诸行动，而不是做表面工作。

沃尔玛重视对员工的精神鼓励，总部和各个商店的橱窗中，都悬挂着先进员工的照片。公司还对特别优秀的管理人员授予"山姆·沃尔顿企业家"的称号。

沃尔顿还强调：员工是"合伙人"。沃尔玛公司拥有全美最大的股东大会，每次开会，沃尔玛都要求有尽可能多的部门经理和员工参加，让他们看到公司的全貌，了解公司的理念、制度、成绩和问题，做到心中有数。每次股东大会结束后，沃尔顿都会邀请所有出席大会的员工约2500人参加餐会。

在餐会上，沃尔顿与众多不同层级的员工聊天，大家畅所欲言，交流对工作的看法，提出对公司的建议，讨论公司的现状和未来。每次股东大会结束后，被邀请的员工和没有参加的员工都会看到会议的录像，而且公司的刊物《沃尔玛世界》也会对股东大会的情况进行详细的报道，让每个员工都能了解到大会的每一个细节，对公司进行全面的了解。沃尔顿说："我想通过这样的方式使我们团结得更紧密，使大家亲如一家，并为共同的目标而奋斗！"

正是这种乐于倾听员工意见、视员工为合伙人的平等精神，造就了沃尔玛员工对公司的强烈认同和主人翁精神。在同行业中，沃尔玛的工资不是最高的，但他的员工却以在沃尔玛工作为快乐，因为他们是沃尔玛的"合伙人"。

在企业内，每个领导都要给员工发表意见的机会，实际上，这也是领导尊重员工的一种表现。你要把员工当成企业的一分子，在企业决策上，也应该征询他们的意见，倾听员工的疑问，并针对这些意见和疑问谈出自己的看法，什么是可以接受的？什么是不能接受的？为什么？如果你遇到了困难，那么，你应该告诉员工，你需要他的帮助。

然而，很多企业都存在着一个巨大的沟通问题——言路不畅。的确，当管理层次逐步增加，基层的声音就很难传达到高层领导那里。要解决这些问题，最好的方法就是打破上下级之间的等级壁垒，用倾听实现尽可能的平等交流。

广开言路，领导要多倾听下属的意见和建议

在职场，口才对于一位领导的重要性早已毋庸置疑，然而，领导并不只是在"说"，还需要"听"，只有耐心倾听，才能了解他人心中所想，才能对症下药地"讲"。

可以说，倾听是领导的一项重要工作。自古以来，官场就有"言能进，道乃进"的执政理念，意思是说，只有能够听得进下属的意见，才能使自己的工作不断地完善。要广泛倾听下属的意见和建议，才能有效地管理下属，更好地完成工作，这是很多企业家的共识。因此，我们可以说，是否善于倾听，直接反映领导的水平和管理能力。

战国时期，齐王曾下过一道求谏旨令："群臣和百姓能当面指责寡人之过的，受上赏；上书规劝寡人的，受中赏；能在公共场合议论寡人的过失而被我听到的，受下赏。"这道旨令一下，收到了极好的效果。一年之后，人们想再进直言，已无话可说了。而这个国家在很长一段时间内，国泰民安，社会稳定。

领导只有注重并善于倾听下属的意见和呼声，才能从下属中汲取智慧和力量，为实施政策打下良好的基础，从而真正做到扎扎实实、全心全意为企业服务。人心向背是决定一个企业

兴衰成败的根本因素，领导要想赢得人心，就要倾听下属的心声，了解下属，最有效的途径就是倾听对方的言论。

我们先来看看下面的故事。

有一天，唐太宗上朝议事，他端坐在龙椅之上，双手轻按龙椅扶手，神态庄严威武，两边侍者大气不敢出。他轻轻咳嗽一声，问大臣："众爱卿，你们中的许多人都是能言善辩的宿儒，为什么上朝议事，却总是慌慌张张，甚至颠三倒四呢？"

魏徵深知个中缘由，便上前一步，毫不客气地奏道："皇上，您形象威武，每每上朝又总是神态严肃，气势咄咄逼人，加之朝廷气氛森严，所以为臣的才那么慌张。皇上以后临朝，宜稍减龙威，最好放下皇帝的架子，对大臣和颜悦色。这样，大臣们发言讲话就会自然了。"

唐太宗有些暗中得意，又有些难堪；但转念一想，又觉得这种肺腑之言难得，不便发作。于是，他将计就计，想用近来萦绕于胸的问题难一难魏徵。

"爱卿之言提醒了我。近来，我一直在思考古人常议论的'明君''暗君'的问题。你对这明、暗之别，有何高见呢？"

魏徵胸有成竹，缓缓上前，应声答道："陛下，作为万民之主而能兼听各方的意见，则为明君。偏听一方意见，甚至于偏信小人的意见，则为暗君。像隋炀帝那样的君主，就是暗君。只有明君，办事才能不出差错，赢得万民拥戴。而暗君，必定落得个身死名裂，亡国灭族的下场。请陛下慎之。"

虽然唐太宗听到这样的话有点不舒服，但还是决定听从魏徵的劝谏。

唐太宗是历史上著名的皇帝，而他之所以在历史上有那么大的名气，最关键的原因就是他懂得倾听下属的意见。尤其是魏徵这样敢于直谏的人，唐太宗也耐得住性子，耐心倾听，因此，才有唐代的繁荣时期。

那么，如何才是倾听有道呢？

1.用心倾听

在我们身边，每个人都是一个独特的世界，都是一道美丽的风景。要想领悟风景背后的奥秘，只有用心。倾听别人，不是用耳朵，而是用心。心若不到，满耳都会是噪声。所以，领导在倾听下属或其他人的时候，需要用心倾听，这样你才能获取更多的信息。

2.用脑倾听

在倾听的时候，还需要用脑，善于分析下属所说的话，判断对方真正想说的是什么，真正想要的是什么，他在话题中回避了什么，什么时候是真情流露，什么时候又是欲言又止。听下属说话，你需要通过其话语找出其心中所隐藏的。不喜欢思考的领导是做不好听众的，因为深意常在语言之外。

3.用脸倾听

有时候，同样的一句话，用不同的表情则会表达出不同的含义。下属在说话的时候，同时也在用表情、声调、手势去诉说。而作为听者的领导，虽然没有说话，但他的眼神、嘴角、下巴却透露了其中的许多信息。好的听众应该是一个积极的参与者，这时候，你就应适时利用你的表情、眼神等，去影响整个交流的过程。

4.用嘴倾听

作为听者的领导，自然有说话的权利，虽然在某些时候，插话抢话会令说话的人不悦，但恰到好处的插话却是令人欣喜的，诸如赞同的话"对""确实如此""你说得太好了""太精彩了"等，这些都能够很好地提高领导作为听者的位置。

总之，企业领导应当反思自己的行为，是否自己听少于说呢，又或者，尚未掌握倾听的技巧呢。所以，管理者要兼听则明、广开言路。

——— 第 **7** 章 ———

亲子沟通，需要倾听的加持

　　作为成人的父母，我们都知道倾听在亲子沟通中的重要性。然而，至于如何倾听孩子说话，很多父母并不清楚。对此，教育心理学家建议，亲子沟通中的倾听最好满足"停、看、听"三个步骤，"停"是暂时放下正在做的事情，注视孩子，给孩子表达的时间和空间；"看"是仔细观察孩子的表情、手势和其他肢体动作等非语言的行为；"听"是专心倾听孩子说话的内容、语气、声调，同时以简短的语句反馈给孩子。这样才有可能听到孩子的心灵之音，孩子才会在爱与理解中健康地成长！

认真倾听，是亲子之间有效沟通的开始

小凯上了三年级以后，似乎变得越来越不听话了，经常在学校惹事，他的爸爸也经常被老师请去谈话，这不，小凯又在学校打架了。回家后，爸爸并没有训斥孩子，而是心平气和地把孩子叫到身边。

"我知道，老师肯定又把你请去了，我今天是少不了一顿打。"儿子先开了口。

"不，我不会打你，你都这么大了。再说，我为什么要打你呢？"爸爸反问道。

"我在学校打架，给你丢脸了呀。"

"我相信你不是无缘无故打架的，对方肯定也有做得不对的地方，是吗？"

"是的，我很生气。"

"那你能告诉爸爸为什么和人打起来吗？"

"他们都知道你和妈妈离婚了，然后就在背地里取笑我，今天正好被我撞上了，我就让他们道歉，可是他们反倒说得更厉害了，我一气之下就和他们打了起来。"儿子解释道。

"都是爸爸的错，爸爸错怪你了，以后别的同学那些闲言闲语你不要听，努力学习，学习成绩好了，就没人敢轻视你

了，知道吗？"

"我知道了，爸爸，谢谢你的理解。"

可以说，小凯的爸爸是个懂得理解与倾听孩子心声的好爸爸，孩子犯了错，他并没有选择粗暴地责问、无情地惩罚，而是选择了倾听。倾听中，表达了对孩子的理解，让孩子感受到了爱、宽容、耐心和激励。试想，如果他在被老师请去学校以后就大发雷霆，不问青红皂白地将孩子打骂一顿，结果会是怎样呢？结果可能是父子之间的距离越来越远，孩子的叛逆行为也可能越来越严重。

但现实生活中，这样的家长又有多少呢？随着现代社会生活步伐的提速、竞争压力的加大，家长为了能给孩子一个优越的生活环境，常常由于工作忙碌，而忽视了与孩子多沟通，陪孩子一起成长。父母是孩子的第一任老师，也是孩子接触时间最长的朋友，孩子在成长的过程中，最需要的就是父母的关心，最愿意与之交流的也是父母。对于孩子来说，他们进入学习阶段之后，就有了一定的自我意识。如果缺少父母的理解，那么，亲子关系就会越发紧张，甚至对孩子的成长产生不利影响。

可见，父母不愿倾听、理解孩子的最终结果可能不仅是失去了倾听的机会。常有家长这样抱怨："真不知道我家孩子是怎么想的，总是不肯好好听我说话。"对此，父母应该反问自己：作为家长，你有没有听过孩子说话？我们把大量的时间用来批评和教育孩子，却忽略了倾听。父母应该做的不仅是为孩子提供良好的物质生活环境，同时还应该去倾听孩子的内心，让彼此间的心灵更为亲近。

为此，教育心理学家建议家长：

1.放下父母的架子，平等地与孩子沟通

生活中，很多孩子说："每次我想跟爸妈谈谈心，刚开始还能好好说话，可是爸妈似乎都是以教训的口气跟我说话，我还没说完，他们就开始以父母的身份来教育我了，我真受不了。"其实，这些家长就是不懂得如何倾听。倾听的首要前提就是和孩子平等地对话，这样才能达到双向交流的作用。和孩子发生矛盾在所难免，但要等孩子把话说完，再提出解决的办法，这会让孩子感受到尊重。

作为父母，一定要放下架子，主动与孩子交流，然后认真倾听，只有让孩子体会到家长对自己的尊重，孩子才能更加信任家长，达到和家长以心换心、以长为友的效果。在这种条件下，孩子对家长逐渐消除隔膜、敞开心扉，培养的过程将成为一种非常美好的享受。

2.摒弃成见，孩子的想法未必不正确

家长作为大人，很多时候会认为孩子的想法是不对的，甚至是不符合常规的。抱着这样的心态，在倾听孩子说话的时候，会有一种先入为主的想法，会把孩子的话摆在一个"幼稚可笑"的立场，孩子自然得不到理解。其实孩子也是人，孩子也有丰富的心灵，孩子的想法未必不正确，我们要特别注意倾听他们的心声。

3.善用"停""看""听"三部曲

当孩子产生一些不良情绪时候，父母就要察觉出来，然后主动接触孩子，运用"停""看""听"三部曲来完成亲子沟通这个乐章。"停"是暂时放下正在做的事情，注视孩子，给孩子表达的时间和空间；"看"是仔细观察孩子的表情、手势和其他肢体动作等非语言的行为；"听"是专心倾听孩子说话的内容、语气、声调，同时以简短的语句反馈给孩子。

可能你的孩子做得不对，但作为家长，不要急于批评孩子，应该在倾听之后，对孩子表达你的理解，在孩子接纳你、信任你之后，你再以柔和坚定的态度和孩子商讨解决之道，从而激励孩子反省自己，帮助他从错误中学习成长。

其实，每一个孩子都希望得到父母的理解，因此，从现在起，每天抽出2小时、1小时，甚至是30分钟都好，做孩子的听众和朋友，倾听孩子心中的想法，忧其所忧，乐其所乐，当孩子有安全感或信任感时，就会向其信任的成年人诉说心灵的秘密。

给孩子说话的权利，多倾听他们的心声

任何父母都希望自己的孩子把自己当朋友，但事实上，我们看到的却是很多父母和孩子之间上演的口水战，一些孩子因为父母剥夺自己说话的权利而和父母争论。久而久之，这些孩子也不再愿意与父母沟通了。

其实，孩子自打出生起，就有发表意见的需求，比如用手去触摸自己喜欢的东西，不喜欢有些长辈抱自己时，就大声地哭闹，对于此时孩子的这些行为，父母一一接受了，可是随着年龄的增长，父母为什么又把这种自主权忘记了呢？压制孩子发表意见，就是压制他的主见，这对孩子的成长是极为不利的，会让青春期的孩子关上自己的心门，不愿与父母交流。

然然是个很可爱的女孩，但父母惊异的是，这么小的女孩居然总是有自己的想法。然然说："我已经4岁了，不需要别人告诉我该做什么、该怎么做，我想自己做主，掌握一切事情。""妈妈要我上床睡觉时，可我不想睡，有一个好办法可以拖延时间，比如不断提出问题，妈妈没回答完，我就不必睡觉。"然然希望自己决定睡觉前的活动，于是会选择性地要求妈妈讲故事、唱儿歌给她听，陪她在被窝里窝一会儿，或者再回答她一个问题等。

当妈妈满足其种种要求后，准备离开她的房间时，然然又会提出"最后一个"问题。而这个"最后"的问题常常不止一个。于是，请自己可爱的女儿上床睡觉变成整个家中相当冗长的仪式。

然然的这种表现就是这个年龄段孩子要求自主的外在反映，是孩子要求父母接受自己意见的方式。随着年龄的增长，然然从环境中慢慢地体会到"权力"的存在，也相信自己有运用"手段"的能力，如利用提问题的方式规避睡觉。在这种情况下，她感觉到自己的权力受到了肯定，甚至感觉到父母对自己的重视和无奈，她对此很开心。父母对孩子这种"自主"的要求应该感到开心才对，毕竟，要培养出一个有判断力、有责任感的孩子，前提是父母必须懂得权力的授予。所以，孩子希望自己决定上床的时间，父母应在可接受的范围之内，给予孩子一定的权利，这样才是双赢的做法。

其实，孩子要求发表意见、要求自主的意识是随着年龄的增长越来越强烈的，父母要给予孩子尊重，给他发表意见的机会，而不能压制。

1. 尊重孩子，给孩子说话的机会

家长要把孩子看作一个独立人，他们有权发表自己的意见，父母不必过多地限制，家庭生活中出现的一些问题，要让他们去尝试，自己去判断、思索、体验。当然，尊重孩子的人格和自我意识并不等于放任孩子。在他们成年之前，父母可以引导他们，帮助他们辨别是非，培养他们独立思考的能力，让他们学会选择自己的人生目标。

2.学会满足孩子合理的心理需要

有位美国学者，他到监狱里面去访问50个罪犯，研究他们是怎么犯罪的。他发现了一件很有意思的事：有一个罪犯说他是从撒谎走向犯罪的。他为什么要撒谎呢？他小时候，家里面兄弟姐妹好几个，有一次分苹果吃，其中一个苹果又大又红，孩子们都想要那个大红苹果。老大说："妈，大的红苹果给我吃。"妈妈瞪他一眼说："你不懂事，你怎么带头吃大的呢？"

这个罪犯回忆说，当时他观察发现，谁越说要，他妈妈就越不给谁，谁不吱声或说了反话，谁就最有希望得到。这时他就撒谎说："妈妈，我就要最小的苹果。"

妈妈说："真是个好孩子，就把大苹果给你。"说假话可以吃到大苹果！越想要就越不说，到时候，你"表现好"就可以得到。孩子为了吃大苹果，所以说假话，久而久之，小毛病变成了大错误。

每个父母都希望自己的孩子诚实守信，不喜欢撒谎的孩子。但是，许多孩子却表现得不如人意。究其原因，大多是后天的某种需要引起的，比如为了满足吃、玩的需要，甚至是为了逃避受批评、受惩罚，这些都助长了孩子撒谎的恶习。

所以，父母可以从孩子发表的意见中分析孩子的需要，尽量满足其合理的部分。而满足孩子的时候，应该用孩子的眼光来看待事物。要分析孩子的需要，认真倾听孩子的心里话，而不要以成人的想法推测孩子的心理。当孩子向父母讲述了他的需要后，父母应该跟孩子一起分析，让孩子明白哪些是合理的、正确的，然后及时满足孩子合理的需要；对于不合理的需要，则要对孩子讲明道理。千万不要觉得孩子还小，或者觉得事情无关紧要就放纵他们。长此以往，孩子就会不断地强化不良行为，形成不良的品格，最终影响他的人生。

现实生活中，很多父母看似为孩子包办一切，一切是为了孩子好，但听见孩子提出一些自己的想法时，却不分青红皂白就加以苛责、训斥，甚至打孩子，这无疑是给孩子精神上的打压，长期在父母这种态度下生存的孩子，又怎敢发表自己对于家庭建设的一些意见呢？因此，父母要想培养出一个有主见、独立创新的孩子，就要做有心人，为孩子创造愉悦的发表意见的氛围，以感染孩子的心灵。孩子尽管年龄小，但他同样能体会到家长对他的尊重和信任，也就能自信地成长！

倾听后要反馈，让孩子感受到被认同和理解

文文出生在书香门第，从小受家庭氛围的熏陶，知书识礼，乖巧伶俐。父母视她为掌上明珠，百般呵护。但文文的家教很严，爸爸妈妈经常搬出"女儿经"，谆谆教导女儿不许这样，不许那样。所以文文一直是个很听话的乖女孩。

上小学以后，随着学习和生活环境的变化，父母的管教让她觉得很烦躁，她甚至觉得家就像个牢笼一样，她害怕回家。

一次，她跟自己的同学聊天，同学告诉她，可以尝试着跟父母沟通一下，总是这么被管着也不是事。接纳同学的建议后，这天晚上，文文鼓起勇气对爸爸说："爸爸，我觉得你和妈妈管我管得太严了，以后晚上写完作业我能不能看半个小时的电视？"

爸爸一边玩手机，一边应着："啊，你说什么？快去写作业，写完睡觉。"

文文一听，说话的信心被完全打击，然后径直回屋了，晚上，她就捂着被子哭了。

第二天晚上，天都黑了，文文爸妈发现女儿还没回家，问了所有同学都没有文文的消息，他们只好自己找，结果却发现文文一个人坐在学校的操场上发呆。他们纳闷了：女儿到底是

怎么了？

生活中，我们每个人都需要自由。其实，我们的孩子也是一样，如果我们束缚住孩子的手脚，让孩子不许做这个，不许做那个，对孩子大包大揽，那么，孩子会感到窒息，他的一些优良的个性心理品质也会被压抑。而随着孩子慢慢长大，当孩子进入学校，孩子的独立意识开始萌芽，对于无法呼吸的成长环境，他们一定会反抗。案例中的文文选择主动找父母沟通，但父母根本不重视，没有认真倾听，在孩子倾诉完以后，也没有表达理解与认同，而是一味地打压孩子。这样的情况下，亲子关系势必会变得紧张起来，所以才导致文文放学不愿意回家。

我们发现，那些善于倾听的父母，都是孩子的朋友。对于孩子的心声，他们不但认真倾听，更是给予反馈、耐心引导，给予孩子最好的建议。

1.坚持双向原则，让孩子"有话能说"，自己"有话会说"

家长与孩子交流时，要坚持双向原则，让孩子有话能说。例如，在倾听的时候，无论孩子的观点是否正确，你都应该给予赞赏，然后进行批评指正，这样可以鼓励孩子更大胆、更深入地交流。同时，作为家长，更要有话会说，同样的道理，采用命令的口吻和用道理演示达到的效果是不一样的，很明显，后者的效果会更好。如果能用通俗易懂的话说明一个深刻的道理，用简明扼要的话揭示一个复杂的现象，用热情洋溢的话激发一种向上的精神，孩子自然会潜移默化，受到感染，明白父母的苦心。

2.把命令改为商量，给孩子建议而不是意见

在很多问题上，父母不要太过武断，也不要替孩子做决策，而应该先问询孩子的意见，如"你是怎么认为的呢？你打算如何处理呢？你打算什么时候开始做呢？"这就表示了我们对孩子的尊重。在了解了孩子的想法后，如果有些部分不正确，那么，我们再以研究和探讨的语气与之商量："我能理解你的想法，但我们还要考虑这件事的可行性……你认为妈妈爸爸的意见对吗？"

孩子是聪明的，是有判断力的。如果你的话有道理，孩子会采纳你的建议。同时，交流会越来越多，亲子关系也会更好。

例如，周末，孩子完成作业以后，如果他说想出去和朋友玩，那么，你最好不要阻止他，而应该和他订立"条约"，比如，去哪里玩要和父母说一声，晚上八点钟之前必须回来等。如果孩子要求在朋友家住，你要告诉孩子不行："如果晚了，爸爸妈妈可以去接你，那样爸爸妈妈才不会担心。"这样做，能让孩子感受到你是支持他并且关心他的，孩子既获得了快乐，又不会放纵自己。给孩子空间，让他自己去体验，去成长。家长永远是孩子的后盾，是支持者和帮助者，才不会让孩子离自己越来越远，才会让孩子幸福快乐地成长。

以商量的方式去解决问题，即使商量失败，但感情氛围会

增强，有利于以后问题的沟通。家长经常犯的错误是，不仅当前问题没解决，还破坏了感情气氛，阻断了感情沟通，失去今后问题解决的机会。

总之，我们一定要丢弃要求孩子"这么做，那么做"的固有观念，同时也要丢弃把孩子赶向特定的方向的强迫观念。同时，尤其是在孩子遇到困难或遭受挫折时，我们更应适时地拿起激励和表扬的工具，减少孩子遇到困难时的畏惧心理和失败后的灰心，增强他们成功的信念，而不是训斥和责备，然后和孩子一起讨论确定克服困难或弥补过失的途径和办法。你对孩子的理解和尊重，必然有利于问题的真正解决，有利于两代人的沟通。

再忙也要停下手中事，听听孩子想说什么

刘太太有个三岁的女儿，一天，她正在客厅里摆吃饭的桌子，这时，孩子外婆端着一盘菜，带着孙女进客厅里来说："听一听你姑娘讲什么吧。"

刘太太没注意听孩子外婆的话，依然在摆碗筷，孩子外婆又说："做妈妈的，就是再忙，也不能忽视孩子的想法。"

刘太太顿时明白了，于是，她停下手中的事，走到女儿身边，牵着她的手问："宝宝，想说什么？"

三岁的女儿看着妈妈说："我要学做菜，不然我长大怎么当外婆？"

刘太太、孩子外婆还有刘先生听完哈哈大笑，孩子外婆笑着补充："我看见她站在厨房不走，我就叫她进客厅玩，又凉快又有电视看，等着吃饭就行了，谁知她说了这么一句话。你说这孩子，她咋就知道将来她是当外婆的？当奶奶难道就不行？太可爱了……"

刘太太说，后来，女儿一直惦记着这件事，所以七岁已学会做饭，还会召集小朋友来家里搞活动。这时候，刘太太和刘先生会到外婆家住一天，让他们四五个小朋友商量一天两餐买什么菜，买多少，他们自己去采购，自己出钱，自己煮熟，而

每次当刘太太回到家的时候，家里已经收拾得干干净净了。

这里，刘太太的教育方法值得我们学习，在孩子外婆的建议下，她停下手中事，鼓励孩子说出自己的想法，而因为孩子的想法获得了她的支持，孩子的动手能力得到了提升。

而在现实的生活中，不少家长为孩子不和自己说心里话感觉到很苦闷。虽然他们很想帮助自己的孩子，但孩子根本不和自己说心里话，不了解孩子，又怎么能让孩子敞开心扉呢？是我们的孩子天生就不和父母说心里话吗？恐怕也不是。孩子不愿和父母说心里话，大多数是我们父母的原因。

甚至有些孩子渴望与家长沟通，但家长却以"忙""没时间"等理由拒绝，甚至压制、呵斥孩子。所以，孩子们想倾诉的愿望并没有得到家长的理解和尊重，甚至一些孩子每次与家长谈心里话后都受到不同程度的伤害，慢慢地就与家长疏远了。

有一位上五年级的女孩子，学习成绩优异，人缘也很好。有一天她收到同学的一封告白信，心里很惊慌，于是，她把信交给了妈妈。本想从父母处求得安慰，没想到妈妈却用"苍蝇不叮无缝的蛋"恶语相伤。从此后，孩子再也不和家长讲心里话了。

家长此时不应轻易地责备孩子，而是要理解孩子，然后给予孩子需要的帮助。孩子虽然不希望家长管束，但也不是完全的独立，很多时候，他们希望父母能帮助自己，而有些父母的态度却让他们退却了。

有一个孩子在画纸上认真作画，作画结束后，妈妈看到的是漆黑一团的画纸，便好奇地问："宝贝，画上画的是什么？"他说："妈妈，我画了很多花，还有很多在旁边飞舞的蝴蝶，它们飞呀飞呀，最后飞累了天也黑了，就变成了漆黑一团。"

很多父母遇到这种情况，也许还没来得及好好听孩子说话，就给孩子当头一棒，这样做，孩子会觉得十分委屈和茫然，在他看来，他的画如此美丽，他也用了很多心去画，但被父母说得一文不值，那他以后还怎么敢去大胆地想象？更严重的是，他怎么还会有画画的兴趣呢？

为此，对于孩子倾诉的愿望，儿童心理学家建议父母：

1. "蹲下来看孩子"

理解孩子就要学会和孩子沟通，也就是"融进去，渗出来"。有这样一个故事：

有一位国王的儿子生了一种怪病，认为自己是公鸡，别人与他讲话，他就学鸡叫。有一个人找到国王，说他能治好王子的病。他一看到王子，就钻到桌子底下学鸡叫，两人一下子熟悉起来，在一起玩、吃、住，慢慢两个人感情深了。突然有一天，这个人说："我要变成人了。"王子也说："我也要变成人了。"

这个寓言故事很好地阐述了"蹲下来看孩子"的教育理念，也就是说，蹲下来，你才能看到和孩子眼界里一样的世界，就更容易理解孩子看到了什么，在想些什么。只有这样，才可以实现有效的沟通。

2.认真倾听孩子说话

当孩子想做或不想做某件事时，家长不要马上教育他，可以停下手中的活儿，先听听孩子想说什么。在倾听时，家长和孩子要有目光交流，有点头、微笑等肢体语言的反馈，但不要随意打断。孩子觉得你在用心听他说话，他就愿意继续往下说，说得清楚。这也是对孩子表达感受和需求的一种鼓励。

总之，如果你的孩子有倾诉的愿望，想要跟你说话，我们最好就停下手头的事，听听他想说什么。他也需要表达他的想法、感觉、欲望和意见，从而获得安全感和父母的理解与帮助。

倾听后，要接纳和理解孩子的情绪

一天，梁太太正上着班，就被儿子老师的一个电话叫到学校，原来是儿子闯祸了。梁太太匆匆忙忙赶到学校，把孩子带了回家。

晚上，梁太太问儿子："你怎么了？能告诉妈妈吗？我向你保证，绝不告诉别人。"

儿子支支吾吾地说："妈妈，你知道，我的同桌是个女生，她成绩很好，我有些不懂的问题会请教她，但是那些男生就起哄，说我们在谈恋爱。其实说我没有关系，但我的同桌是个女孩子，她肯定很委屈，你说对不对？所以我揍了他们，叫他们不要乱说。"

梁太太听完，若有所思，对儿子说："儿子，妈妈知道你的愤怒，作为一个男子汉，保护女孩子是应该的，妈妈理解你。我想那些男生也没有什么恶意，他们就是觉得好玩才起哄的，清者自清，不是吗？"

"我知道，今天确实是我冲动了点。"

"嗯，真正的好男人也是绅士，不必跟人大打出手，你说呢？以后有什么事，你可以跟妈妈说，妈妈毕竟是过来人，或许能给你点建议，好了，我的乖儿子，忘掉今天吧。"

"嗯，谢谢你，妈妈。"

这里，梁太太与孩子沟通的方法值得我们学习，孩子在学校打架，她并没有劈头盖脸责备，而是等回家后慢慢引导，让孩子说出原因，了解了孩子的情绪，并告诉孩子正确的发泄情绪的方法。

我们与孩子沟通、倾听后，应尽量对孩子的情绪表达认同，这样，才能让孩子感到被理解，才有继续沟通的愿望。为此，儿童心理学家建议：

1. 接纳孩子的情感

面对孩子的坏情绪，不能立即言辞激烈地去指责、批评他，而应该耐心听他对这种感觉的描述。因为，这时孩子最需要有人倾听他的倾诉并能理解和体谅他。孩子的坏情绪随时会冒出来，父母不可能去消灭它，但可以通过接纳、理解他，然后运用智慧，让这种情绪转化为激发潜能的动力。

2. 引导孩子学会表达自己的感觉

在日常生活中，父母可以多和孩子聊天，或适时问孩子："你现在是什么感觉啊？""你喜不喜欢？""什么事情让你这么生气？"还可以通过讲故事、编故事、角色扮演等游戏，教给孩子疏导情绪的方法。有时还可以通过交换日记、写纸条的方式，说说高兴和不高兴的事。如此一来，孩子也就逐渐学会如何用"讲道理"的方式表达自己的心情了。

3. 教孩子合理宣泄不良情绪

人在精神压抑的时候，如果不寻找机会去宣泄情绪，会导致身心受到损害。在悲伤时用力压抑自己，忍住泪水是不合适的。另外，在愤怒的时候，适当宣泄是必要的，不一定要采取大发脾气的方法，可以采用其他一些较好的方法。

家长不妨引导孩子采取以下方法发泄自己的情绪：比如，在孩子盛怒时，让他赶快跑到其他地方，或找个体力活来干，或者干脆让他跑一圈，这样就能把因盛怒激发出来的能量释放出来。同时，如果孩子不高兴了或是遇到了挫折，你可以把他的注意力转移到其他活动上去。例如，当孩子在厨房里吵闹着要玩小刀时，妈妈可以把他带到一水池的肥皂泡面前分散他的注意，他很快会安静下来。另外，场景的迅速改变也能达到同样的目的——安静地把孩子从厨房带到房间里去，那里有许多吸引他注意的东西，玩具恐龙、图书都可以让他忘记刚才的不愉快。

当然，让孩子发泄自己的情绪，并不意味着家长可以忽视孩子那些不正确的行为。过激的情绪，甚至消极情绪都是生活中很平常的，但是伤害和破坏性的行为是绝对不能被允许和容忍的。

其实，情绪无所谓对错，只有表现的方式是否能被人接受。家长在倾听孩子的时候，一定要接受孩子多面性的情绪，引导孩子把消极情绪转化为积极情绪，唯有正视情绪表达的所有面貌，才有可能发展健康的情绪，唯有能够驾驭自己情绪的孩子，才能够成为有自我控制力的孩子！

多听少说，与青春期的孩子沟通最忌唠叨

小娟是某中学初二的学生，作为独生女，她就是家里的"小公主"，爸爸妈妈生怕她遇到什么不开心或者委屈的事。可以说，除了工作，爸妈把所有的精力都投入在小娟的身上，小娟也一直感觉自己很幸福。可是一上中学后，特别是到了初二，小娟的爸妈发现，女儿好像变了很多，好像心里总是有很多秘密似的，而女儿也不主动与自己沟通，这让他们很担忧。他们努力想改善现在的关系，于是，在小娟生日那天，他们特地带着小娟去了她最喜欢的自助餐厅。

来到餐厅后，妈妈取了很多小娟最爱吃的食物，然后和爸爸一起对小娟说："生日快乐！"他们本以为小娟会开心地一笑，没想到小娟很冷淡地说了一句："谢谢！"这让他们很意外。

"为什么，你不开心吗？记得你小时候最喜欢我们给你过生日了！"妈妈疑惑地问。

"没什么，吃吧！"小娟依旧低着头，轻声说。

"大宝，你要是遇到什么学习上的问题，一定要跟妈妈说。"妈妈继续说。

"真的没什么。"小娟已经有点不耐烦了。

"可是你今天真的很不对劲啊，你要是不跟我说的话，明天我去学校问老师。"

"你怎么总喜欢这样啊，烦不烦？"小娟的音量提高了很多。

这时，爸爸打破了母女之间的尴尬，笑呵呵地说："我们女儿长大了啊！女儿说说，今天在学校都发生了什么新鲜事儿啊？"

小娟抬起头，淡淡地说："没什么事儿，每天都一样上课、下课。"爸爸不知如何接话，饭桌上一片沉默。

我们发现，这段亲子间的对话毫无进展，其实原因是多方面的，父母在沟通技巧上还有待学习与提高。干巴巴的道理唠叨个没完没了，讲话的语气咄咄逼人，这些都会让青春期的孩子觉得你很烦，自然不愿与你继续交流。

作为父母，我们都知道，青春期对于一个孩子来说，就如同暴风雨的夜晚，他们既"多愁善感"又"喜怒无常"，感情细腻又多变，因此需要父母的呵护。青春期孩子一个不小心，就可能学习成绩下滑、早恋或者结交一些不良朋友等，因此，大多数时候，我们都会对孩子的一举一动相当敏感，总是担心他们这个弄不好，那个弄不好的。其实父母应该相信孩子，给孩子独立的空间。其实只要不是原则上的错误。不如让孩子自己去碰碰钉子。

我们常常忽视的一点是，这一阶段的孩子独立性增强，总希望得到他人的承认和尊重，希望摆脱成人的约束，渴望独立。他们不愿意再像小孩子一样服从家长和老师，他们希望获得和大人一样的权利。

父母本来应是孩子最愿意倾诉衷肠的对象，可到了青春期，这种情况往往就改变了，父母的问候变成了唠叨，甚至招来孩子的厌烦。虽然处于这个时期的孩子渴望倾诉、渴望理解，但他们更像一只警惕的刺猬，这就为父母与孩子沟通造成了很大的障碍。那么，家长在这种情况下应该怎么做呢？

对此，教育心理学家建议父母，在与青春期的孩子沟通时应做到：

1.少说话，善于察言观色

日常生活中，我们对孩子的关心不一定全部要通过语言，不妨学会察言观色，从一些小细节上发现孩子细微的变化。

另外，与孩子交流时，我们也要对他们的反应敏感些。孩子对谈话内容感兴趣时，可将话题引向深入，一旦发现孩子有厌烦情绪，就应立即停止，或转移话题，以免前功尽弃。另外，即使找到交流的话题，也应力求谈话简短有趣、目的明确，切忌啰嗦，以免造成切入点选择准确，但交流效果不佳的情况。

2.用"小纸条"代替你的唠叨

沟通不一定是用嘴说，用小纸条也是不错的方法。

文慧是个单亲家庭的孩子，她的母亲在她三岁的时候就离开了。她的父亲就身兼母职，独自抚养文慧，但父亲因为经常出差，出门前总会在冰箱上留一个便条："里面有一杯牛奶，三个西红柿，请不要忘记吃水果。"在写字台上留张条："请注意坐姿，别忘了做眼保健操。"

多年以后，文慧考上了大学，父亲为她整理东西时，竟然发现她把这些纸条全揭下来并完整地夹在书本中。父亲的眼睛一下子湿润了——原来女儿的情感之门始终是向自己敞开的，对自己的关爱也始终珍藏在心底。

3.关心孩子不一定非得询问学习状况

孩子的成才应该是全方位的，只抓孩子的学习，对孩子全面发展极易产生负面的"蝴蝶效应"。这些，是对任何年龄阶段的孩子实施家庭教育过程中都应该避免的。

作为父母，我们若想和孩子沟通，就需要多关注孩子除了学习外的其他方面，如果你的孩子是个时尚迷，那么，你可以默默帮他搜集一些信息，孩子在感激后自然愿意与你一起讨论最新时尚信息；如果你的孩子爱唱歌，你可以在节假日为孩子买一张演唱会门票，相信你的孩子一定格外感动，因为他的父母很贴心、明事理。

这种类型的交流是"润物细无声"式的，它没有居高临下的威迫感，极具亲和力，孩子也容易打开心扉，接受与父母的交流。

当然，让孩子打开心扉，与孩子交流的方式、方法远不止这些。但总的原则是：一定要让孩子觉得父母是在真正关心他，并且是从心底里关心。

无声的非语言沟通，是对孩子的另一种倾听

当我们的孩子还小的时候，我们会特别关注他，会留意他的声调、面部表情、动作、姿势等，会用自己的行动表达对他的爱。可当孩子逐渐长大，父母反倒把这种表达爱的方式忘记了，而这种细微的变化，很多父母都没有注意到，我们的孩子却在离我们越来越远。大多数情况是，孩子产生叛逆的情绪时，很多家长抱怨说："我发现我家孩子对别人都是好好的，但一回到家里就专门跟我们对着干，就好像他的'较劲'对象主要就是我一样。"事实上，没有教不好的孩子，只有不好的教育方法。只要方法妥当，任何孩子都是优秀的；只要用心，总能找到合适的教育方法，而孩子更需要的是家长的爱和关心。

非语言信息在家庭沟通过程中十分重要。然而，一份社会调查却显示，在亲子之间的沟通中，非语言沟通常常被忽视，这一点随着孩子的成长更为明显。当然，这一现状的产生也与孩子有很大的关系。

在亲子沟通上，不得不说，不少父母一直采用错误的非语言沟通方式与孩子交流，例如，经常向孩子发脾气、拍桌子、摔东西等，这些都会被孩子理解成你极度嫌弃他的信号。这些

非语言行为都是拒绝沟通的信息，因此它会阻碍亲子之间的沟通，破坏亲子关系。

语言是我们沟通的常用工具，但人类除了语言，还有其他的交流工具，那就是身体语言。一颦一笑，甚至一个眼神，都能体现某种情感、想法、态度。

那么，我们该怎样用非语言的方式表达对孩子的倾听与关注呢？

1. 多用眼神鼓励孩子

身体接触往往比语言能更好地表情达意。有时候，哪怕是一个鼓励的眼神和微笑，都会让你的孩子充满无穷的动力。因此，聪明的父母总是会在某些时刻给孩子一个肯定、坚毅的眼神，让孩子更自信。

2. 给孩子一个拥抱，给他力量

生活中有很多简单的例子，比如，你的孩子取得了好成绩，父母需要赞扬、鼓励他。这时，如果家长单纯地用语言与他沟通，告诉孩子："孩子你真棒，妈妈因为你而骄傲！"他也会很高兴，但是这种高兴劲也许没过多久就被他忘记；如果父母运用非语言与他沟通，微笑地走到孩子面前，给他一个拥抱，然后告诉他："孩子，妈妈为你而骄傲。"这样，他将永远也不会忘记妈妈对他的赏识和鼓励。

3. 用握手向孩子表达友好

有研究人员曾通过实验研究了握手的效果，结果证明：身体的接触能增强人与人之间的亲近感，即使是初次见面的人，也有同样的效果。为了强化这种效果，有人会伸出双手与人握手，这样的人大多非常热情。

想必大多数父母都明白，握手是一种表达友好的方式，是平等沟通的一个表现。而对于青春期的孩子来说，他们已经开始希望能与父母平等地对话，因此，日常生活中，如果我们能把非语言沟通放到对孩子培养中，相信是能起到一定的积极作用的。

在生活中，尝试着用非语言的方式与青春孩子沟通吧，但你还需要注意以下三点：

第一，尝试在语言交流时加入身体接触。

第二，有些孩子不喜欢太多的拥抱，别强迫他这样做。父母可以尝试寻找其他与之亲近、感受亲密、向他示爱的方式。

第三，如果身体接触的习惯已经消失，在睡觉前或看电视时，甚至只是紧挨你的孩子坐着时，轻轻抚摸他的前额、头部或手，可以使身体接触的习惯重新回到你们家中。

孩子成长中的烦恼需要我们倾听

这天傍晚，妈妈在厨房做饭，儿子放学回家进门就嚷："妈，从明天开始，我不去学校了，你别劝我!"

如果平时孩子的爸爸在家，一定会严厉地训斥他。但妈妈是个温和的人，她知道儿子肯定是受了什么委屈。

"为什么不去呢？"

"没什么，感觉不太舒服。"

"哪里不舒服？怎么不早点请假回来呢？"

"不想耽误学习啊，你别问了，反正我不去。"其实，妈妈是聪明的，儿子说话这么有力气，怎么会身体不舒服，一定另有隐情。

"可是，今天不舒服，明天不一定不舒服啊，要不，妈妈带你去医院吧。"妈妈在说这话的时候，故意露出一点笑容。儿子明白，妈妈看出端倪了，于是，他只好说："妈，你儿子是不是很没用啊？"

"怎么这么说，我儿子一直是最棒的，有最棒的体格，最棒的学习接受能力，待人温和，还懂得体贴妈妈。"

听到妈妈这么说，儿子笑了，主动说出了今天遇到的事："妈，今天老师叫我们写一篇作文，我写错了一个字，老师就嘲笑了我一番，结果同学们都笑我，真没面子!"

此时，妈妈没有说话，只是搂着伤心的儿子。儿子沉默了几分钟，离开了妈妈的怀抱，平静地说："谢谢你听我说这些事，我要去公园了，同学们还等着我呢。"

从这个故事中，我们看到一对母子间的和谐关系。可见，亲子关系和谐的家庭，父母一定是懂得随时关注孩子情绪的，当孩子出现了烦恼时，他们总是能成为孩子的知心朋友。

作为父母，我们也知道，学生最主要的任务就是学习。孩子在小的时候是无忧无虑、天真无邪的，进入学校学习后，他们有了学习任务，尤其是进入中学的孩子，学习任务急剧加重。同时，他们的身体在快速地成长，他们的情绪、心理都随之发生了很大的变化，他们认为自己已经是成人，这让他们产生很多的烦恼。而如果不理解孩子，总是认为封闭内心是孩子的错，或者用粗暴的方式干涉，那么，只会让孩子更疏远你。

要帮助孩子疏解成长中的烦恼，我们一定要体谅孩子的情绪，让孩子畅所欲言，具体来说，我们家长要做到：

1.理解、信任你的孩子，倾听并查找孩子烦恼产生的原因

可怜天下父母心，每个父母都是爱孩子的，可是教育的结果却完全不同。为什么有的家长能跟孩子和谐相处、亲密无间，有的却水火不容、形同陌路。这就是教育方法的不同导致的，父母要了解你的孩子，关注孩子的成长过程，了解孩子烦恼产生的来源，只有这样，才能对症下药，帮助孩子解决烦恼。

2.适当"讨好"一下你的孩子，缩短彼此间的心理距离

当然，这里的"讨好"并不具备任何功利的目的，而是为了加强亲子关系。父母应该偶尔赞扬一下你的孩子，或者带孩子出去散散心等，让孩子感受到家庭的温暖，彼此间的心理距离就拉近了。那么，孩子自然愿意向你倾诉了。

3.不要总是压制孩子表达自己的想法

任何父母都希望自己的孩子把自己当朋友，对自己倾吐成长中的烦恼与快乐。然而，孩子年龄越大，越难与他们沟通，这是很多父母共同的感受。这是由什么造成的呢？其实，孩子也想和父母说话，只是很多父母总是端着家长的架子，甚至压制孩子的想法，孩子又怎么愿意与你沟通呢？因此，聪明的父母都会引导孩子发表自己的意见，让孩子畅所欲言。

4.尊重孩子，平等交流

家长要学会跟孩子聊天，不要认为孩子的世界很幼稚，或是对孩子的话题不感兴趣。不论孩子说什么，最好表现出很感兴趣的样子，这样孩子才有跟你交谈的欲望。

望子成龙、望女成凤的家长们，在日常生活中，如果你发现你的孩子满脸愁容，那么你就要考虑下自己的孩子是否在为某件事烦心。此时，你要从理解孩子，尊重孩子的角度，做孩子的朋友，或许他就会对你敞开心扉。

第 8 章

销售，最好的语言是倾听

　　我们都知道，好口才是从事销售的基础条件，一名优秀的销售人员必须要做到能说会道，但似乎那些总是滔滔不绝的销售人员业绩并不是太好，这是因为他们忽视了客户诉说的愿望。人们都喜欢被认同，如果你在与客户沟通时，能够记住"倾听先行"的原则，让客户在畅所欲言的同时获得一种认同感，你一定会事半功倍。

对销售而言，善听比善辩更重要

诚然，作为销售员，我们不得不承认，任何一位销售员要想推销成功，都必须具备良好的口才，但口才并不意味口若悬河、夸夸其谈。有专业人士称："很多销售员认为要让别人同意自己的观点，就必须滔滔不绝，借以压倒对方。事实上，这是一种很不划算的举动。"每个人都有倾诉的欲望，当一个人有很多话要说的时候，他不会真心听你讲话。而你说得越多，对方就会越讨厌你。可见，好口才意味着在正确的时候说正确的话，如果你不具备这种能力，不如安静地听对方说。

推销大师乔·吉拉德说过："世界上有两种力量非常伟大，其一是倾听，其二是微笑。你倾听对方越久，对方就越愿意接近你。据我观察，有些销售员喋喋不休，但他们的业绩总是平平。上帝为什么给了我们两只耳朵一张嘴呢？我想，就是要让我们多听少说吧！"

生活中，人们往往缺乏听销售员滔滔不绝地介绍商品的耐心，而大多愿意花时间同那些关心其需要、问题、想法和感受的人在一起。乔·吉拉德对倾听做了简单的总结，他认为，当我们不再喋喋不休，而是听听别人想说什么时，至少可以从中得到三个好处：体现了你对对方的尊重；获得了更多成交的机会；更有利于找出客户的困难点。

日本销售大师原一平说："对销售而言，善听比善辩更重要。"销售员通过听能够获得客户更多的认同。那么具体来说，销售员应该如何倾听呢？

1.集中注意力，专心倾听

在倾听客户谈话时，不要东张西望，也不要拖着疲惫的身体，而要打起精神，这是有效倾听的关键，也是实现良好沟通的基础。要做到这些，就应该在倾听前就做好心理、身体上的准备。

2.不随意打断客户谈话

没有人喜欢自己的谈话被人随便打断，因此，一旦客户的积极性被你"消灭"，再与客户沟通就难了。所以，你最好不要随意插话或接话，更不要不顾客户喜好更换话题。

3.从人们一般比较关心的话题入手

通常情况下，人们一般都对以下问题比较感兴趣：

客户曾经获得过的荣誉、公司的业绩等。

客户的兴趣爱好，如某项体育运动、某种娱乐休闲方式等。

关于客户的家庭成员的情况，比如，孩子几岁了，学习状况，老人的身体状况等。

某些焦点问题或者时事，如房价，车价，油价等。

客户内心深处比较怀念或者难忘的事情，和客户一起怀旧。

谈论客户的身体，如提醒客户注意自己和家人身体的保养等。

当然，除了倾听与询问等方式，我们还可以在与客户进行销售沟通之前，花费一定的时间和精力，对客户的特殊喜好和品位等进行研究，这样在沟通过程中才能有的放矢。

由此可见，成功的销售是有章可循、有法可依的。只要你在销售过程中巧妙运用沟通技巧，不断探索总结自身的销售心得，就能在销售中游刃有余。

倾听是了解客户真实心理的最佳方式

现实销售中，我们在与客户沟通的过程中，只有先弄清客户的基础情况，比如是否真的要购买、购买什么价位的产品等，然后有针对性地进行销售，这样才能事半功倍。而很多时候，出于防备心理，客户并不会真实地道出自己的真实想法。这就要求销售员在能说会道的同时，还要会"听"，以便于在销售中及时判断出客户的需求，从而更准确地找出应对策略，尽快完成销售任务。

某茶具店来了一位顾客。

销售员："先生，这套茶具您觉得怎么样？"在销售员说此话时，顾客上下打量着茶具。露出很欣喜的表情，但奇怪的是，顾客却这样回答销售员：

"你们这套茶具的做工实在很差，我真不知道，这样的产品你们也敢拿出来卖？"

聪明的销售员自然听出了客户话里的意思，于是，他不急不缓地说："谢谢您的建议，在茶具的做工方面，我们会尽力提高的。您能否对我们产品的做工提些具体的建议，比如，现在有哪些方面的做工存在问题呢？"

顾客："它的厚度太薄了，我觉得这个很不结实。"

看到顾客十分认真的样子，销售员说："先生，这套茶具的制作工艺非常精湛，质量一定是有保证的，您刚刚一定也通过我的介绍对它有了一定的了解。我想您是否还有些其他方面的问题呢？"

顾客："这个，我还是觉得颜色不太好啊。"说此话时，顾客的眼睛从没离开过产品，并且流露出喜欢的目光。

销售员："先生，这套茶具是限量生产的，现在就剩下一套了。收藏的话可以说就是绝版了。而且，如果您能在闲暇时间用它来品茗的话，一定会给您增添不少乐趣。"

顾客："这倒是，那你们能不能给我打个折？"

销售员："这请您放心，凡是来购买我们产品的，都有八折优惠。"

最终，这位顾客购买了这套茶具。

可以看出，销售案例中，这位顾客是精明的，看上了产品，却并没有表现出来，而是称产品做工差，他对产品挑剔，无非是希望销售员能为自己打个折。而销售员在听到顾客的这些挑剔后，也深知顾客的潜台词，他首先肯定顾客所谓的"意见"，然后引导顾客说出具体"做工差"的方面，但实际上，销售员并没有直接回答顾客的这些问题，而是抓住顾客想购买的心理，以"限量生产"的回答来激发顾客的购买欲。最后，顾客终于说出自己的真实意图，也顺利成交了。

对于销售员，有一种品质是最重要的，那就是"倾听"。会倾听的销售员，往往在营销的路上能够走得更远。"倾听"

也就是要"耳听八方"。的确，倾听的最终目的是服务于销售。我们在倾听客户说话的过程中要多留心，不要为了倾听而倾听，而要及时把话题转到销售工作上。

那么，具体说来，我们怎样才能倾听出客户的需求呢？

1. 从关心客户需求入手

现实销售中，一些销售人员完全站在自己的立场上考虑问题，希望一股脑儿地把产品的信息迅速灌输到客户的头脑当中，却根本不考虑客户是否对这些信息感兴趣。这些销售员几乎从刚一张嘴，就为自己的失败埋下了种子。要知道，实现与客户互动，关键是要找到彼此间的共同话题，这就要求销售人员首先从关心客户的需求入手。

对于客户的实际需求，销售人员需要在沟通之前就加以认真分析，以便准确把握客户最强烈的需求，然后从客户需求出发寻找共同话题。

2. 多倾听有利于销售的内容谈话

对此，销售员需要倾听出以下几点。

核心点：这里的核心点，指的是客户最感兴趣的关于产品的某个"点"，也就是能满足客户需求的某个"点"。

情绪点：人都是有情绪的，如欣喜、气愤、关注、冷漠等，客户在与销售员沟通的过程中，也会产生诸多情绪，而当销售员听到客户在话语中流露出有利于购买成交的信号时，就要立刻抓住机会，促成交易。

敏感点：世界上也没有无瑕疵的产品，因此，我们的产品或多或少会存在某些让客户不满意的地方，这些让客户不满意的地方，无外乎价格、折扣、性能、保障、售后服务、购买承诺等。

另外，我们在将话题转换到销售上时，要多使用积极的语言，这样在转换话题的时候，会更自然、巧妙，能更好地引导顾客从有利的一面看待产品，促进产品销售。

可见，如果我们不懂得倾听，只是一味地说服客户购买，那么，很可能与客户的本意南辕北辙。而如果我们善于倾听，善于把握客户的真实心理，就能了解客户真正想要什么，从而知道如何和顾客达成合作和交易。

听出客户的喜好厌恶，再找到沟通重点

大量销售经验告诉我们，人们总是愿意与和自己有共同爱好的人沟通，而讨厌与和自己的人生观、价值观完全背离的人沟通。可见，在与客户沟通前，了解客户内心的厌恶与喜好至关重要，它在很大程度上是激发客户产生与我们交谈欲望的前提。所以，销售员在与客户见面时，可以先倾听，抓住客户的兴趣，再根据客户的兴趣进行重点沟通。

陈斌是一名老年保健品推销员，有一天，他来到一个新建的小区，准备进行自己的推销工作。

来到小区花园，他看到小区绿地的长椅上坐着一位孕妇和一位老妇人，他向小区保安打听："那好像是一对母女吧？她们长得可真像。"小区保安回答："就是一对母女，女儿马上就要生了，母亲从老家来照顾她，父亲一个人在家里……"

接着，陈斌也来到了老妇人和孕妇休息的地方，他亲切地提醒孕妇："不要在椅子上坐的时间太长了，外面有点凉，你可能现在没什么感觉，等到以后会感觉不舒服的，等生下小孩以后就更要注意了。"然后她又转向那位老妇人："现在的年轻人不太讲究这些，有了您的提醒和照顾就好多了。"

听到陈斌的话，老妇人一下子好像找到了知音："真难

得你这样的年轻人还懂得这些，我都提醒我女儿很多次了，让她不要吃生冷的，不要碰冷水，她就是不注意……我曾经在医院妇产科担任护士，因为工作表现突出，还被医院嘉奖过呢……"在老妇人说这些的过程中，陈斌表现出极其认真倾听的姿态。

"是吗？太好了！那您肯定知道怎么照顾孕妇和小孩，我最近也在学习一些关于这方面的知识，从而更好地照顾我爱人，这下子真是找到老师了。"陈斌及时回应老妇人的观点。

后来，他们从怀孕和生产后的注意事项，讲到生产后身体的恢复，再讲到老年人要增加营养，陈斌与这位老妇人聊得十分开心。很快，那对母女已经开始看陈斌手中的产品资料和样品了……

案例中的保健品推销员陈斌之所以能让这位老妇人对自己的产品感兴趣，是因为他先掌握了老妇人关心孕妇的心理，然后从孕妇应该注意的事项谈起，打开了客户的话匣子，并注意积极倾听，在获得客户的认同后，推销产品也就容易得多。

一般情况下，我们与客户刚开始接触时，他们是不会马上对我们的产品产生兴趣的，因为他们还对我们心存芥蒂。而如果我们能够在最短时间之内找到客户感兴趣的话题，再逐步引出自己的销售目的，就可以使整个销售沟通充满生机。也就是说，引起客户注意，善于倾听，找出客户的厌恶与喜好，激发客户兴趣，让客户感到满意，这是一个好的销售开始的线索。

那么具体来说，销售员应该如何从倾听中挖掘出客户的喜

233
2233

好与厌恶，进而找到与客户沟通的契机呢？

　　对此，我们可以根据具体的谈话环境，先认真地倾听和巧妙地询问，然后进行观察与分析，得出客户关心的问题，继而引入共同话题。比如，销售人员可以从客户的事业、家庭以及兴趣爱好等谈起，以此活跃沟通气氛、增加客户对你的好感。

制造共鸣，让客户愿意向你倾诉

对于陌生的推销员，我们似乎都有一种本能的戒备心，但对于我们的朋友，我们却倍加信任。而人与人之间为什么会由陌生人到朋友？因为情感的共鸣。人们都喜欢与自己有共同爱好、兴趣的人交往，而对于那些与自己"志不同道不合"的人，则会退避三舍。因此，在与客户沟通的过程中，你不妨先不谈销售，把老客户当作真心朋友，倾听其内心，多多制造共鸣，你不仅内心会很轻松，在业务上更会有意外收获。

那么，具体来说，我们如何倾听，才能让客户把我们当成知己呢？

1.善于激发顾客的谈话兴趣

这需要我们做到全身心地投入倾听客户讲话的过程中，比如，我们应该身体稍稍倾斜，认真倾听，以此来展示你倾听的兴趣，不要轻易打断顾客。另外，倾听的时候，要配合轻松、自然的表情，点头示意或者露出鼓励性的微笑，并不时地以"哦""我知道了""没错"或者其他话语让顾客知道你对他谈话内容的赞许，鼓励顾客说话。

当然，对客户倾听的回应应放在客户说完以后，因为客户一旦在诉说的过程中被打断，一些反映顾客需求、动机、感情的事实和线索就可能会被遗漏，而这些恰恰是能否成功销售的关键点。

2.虚心倾听

例如，对他们渊博的学识表现出敬佩的样子，这不仅让他们好胜的心理得到满足，他们也会为了表现自己而向我们传授更多知识。

3.专注

我们在听取客户说话时，对客户所反映的内容精力要非常集中，要不停地分析、概括和汇总所听到的信息，关注每一个细节，重视和发现一些不起眼的小信息，往往这些小信息能起到意想不到的作用。

4.不要反驳

如果客户说出的是我们不同意的观点、意见，我们可以在心里阐述自己的看法并反驳对方，但我们不能急于反驳或者作出判断。对于不同想法和不正确的观点，要待对方说完以后再作进一步的交流。

可见，与陌生客户交谈，我们如果能善加引导，打开客户的心扉，让其对我们一吐为快，那么，我们就有可能了解其内心真实想法，拉近和客户在心理上的距离，让他更容易接受你的劝说，从而获得销售上的成功。

给予回应，别让客户唱"独角戏"

曾经有人说，倾听是一种能力、一种素质、一种思维习惯，更是尊重他人、关爱他人的行为，与此同时，它还是销售员与顾客交往的一种有效手段。的确，倾听不但是销售员掌握客户各种信息、资料的重要途径，更是表达尊重的方式。但事实上，倾听并不只是带着一双耳朵听，真正有效的倾听是需要回应的，并不是所有的推销员都谙于倾听之道。

市场专员小邹最近要写一份市场报告，但这篇报告的资料确实很难寻找到。通过打听，他得知有一家工业公司的董事长拥有他需要的资料，小邹便前去拜访。秘书告诉小邹："这些机密的资料，董事长是不会交给你这个陌生的推销人员的。"随后，小邹听到秘书对董事长说："今天没有什么邮票。"打听后，小邹得知，原来董事长在为儿子收集邮票。

小邹走进董事长办公室之后，刚开始并没有提及资料的事儿，而是先从他儿子谈起。

"您办公桌上照片上的人是您的儿子吧，我也有个这么大的孩子，很调皮，不过他有个很安静的爱好，他喜欢收集邮票。"

听到这话，董事长两眼放光，和小邹聊了起来："是吗？

现在的孩子真是不好伺候，除了要给他充足的物质生活，还要时刻关注他思想动态，稍不留神，他就会闯祸，甚至在学校不听课、打架，尤其是男孩子，越来越不好管教了。"

"是啊，我昨天还被老师叫到学校了。"仔细听完这些后，小邹点头回答道。

"对了，你说你的儿子也喜欢收集邮票，他通常都是自己收集？"

"是的，董事长。"

"那你比我好多了，我每天都要叮嘱秘书为我留意邮票呢！那你什么时候能把你儿子的邮票带给我看看吗？"

"当然可以，我还可以送您一些！"

"真的吗？真是谢谢！我家孩子一定喜欢，准把它们当无价之宝。"董事长连连感激道。

接下来的时间里，小邹一直和董事长在谈邮票，临走时，秘书稍微提及了一下资料的事，没想到，还没等小邹开口，董事长便把他需要的资料全部告诉了他。不仅如此，董事长还找人来，把一些事实、数据、报告、信件全部提供给了小邹。

我们可以看出，销售员小邹之所以能拿到自己需要的资料，是因为他从董事长最关心的问题开始谈起——他的儿子喜欢收集邮票。在他激发起董事长的谈话欲之后，他转变谈话方式，把谈话主动权交给对方，自己充当倾听者的角色。在倾听的同时，他对对方的谈话内容表达了赞同，从而引发了共鸣。可见，认可和赞同对倾听的重要性。同样，销售过程中，如果我们能在倾听的时候给予对方肯定性的回答，也一定会收到良好的谈话效果。

那么，我们在倾听中该如何回应客户呢？

1. 说话时与客户要有眼神交流，拉近心灵距离

有人说"眼睛是心灵的窗户"，那么为什么要闭着窗户，让客户来猜心思呢？不要再抱怨客户为什么不理解你、不相信你。用眼神与客户交流，如果我们两眼空洞无神，就会给客户留下心不在焉的印象，客户就会认为你不值得信赖。

与顾客谈兴正浓时，切勿东张西望或看表，否则对方会以为你听得不耐烦，这是一种失礼的表现。如果目光游移不定，就会使客户们认为你轻浮或不诚实，就会格外警惕和防范，这显然会拉大彼此间的心理距离，为良好的沟通设置难以跨越的障碍。

2. 总结客户的谈话，表达对客户谈话的重视

在倾听完客户的谈话后，我们要加以反馈，向对方阐明你是如何理解他的意图的。你可以使用这些话语："我刚才听你说……""我理解你主要关心的是……"或者"……我说得对吗？"

如果你在与客户见面时，能够让客户在畅所欲言的同时获得一种认同感，你一定会事半功倍。

用倾听代替反驳，化解客户的异议

我们都知道，在人际沟通中，我们要多考虑对方的感受，反驳他人时，应该迂回、委婉地提出，让他人感受到你的善解人意，这样才能获得别人更多的信任和喜爱，而传达善意的最佳方式之一就是倾听。同样，在销售过程中，客户难免会对产品产生异议，甚至对产品存在某些误会。但无论客户说出什么样的话，销售员绝不能直接反驳，那会让客户很没面子，甚至与你大动肝火。这时，如果销售人员能选择倾听，然后采取先肯定后否定的谈话方式委婉侧击，如"您说的没错，但是……"也就是先同意对方的观点，再以一种合作的态度来阐明自己的观点，一定更有利于销售目的的达成。

此时，我们一定要注意自己的态度，一方面要承认同类产品便宜，另一方面也要为自己的产品贵做好解释工作，让顾客看到你的专业素质，并让顾客做出在"鱼"与"熊掌"之间做出明智的抉择。

那么，我们该如何运用倾听化解客户的异议呢？

1. 始终保持良好态度

"客户永远是上帝"，这是每个销售人员应该遵循的信条。的确，有时候，可能客户的异议会让我们感到为难甚至不悦，但无论如何，我们都不能直截了当地否定，更不能与客户发生争执，而是要拿出销售员应有的热情和诚恳，耐心倾听，然后与客户沟通，尽量在言语间表达自己的良好态度，将语言组织得完整、易于被人接受。

2. 认真倾听顾客的异议

其实，在很多时候，客户所说的问题并不是什么大问题，甚至对于如何解决问题也没有太多意见，他们最看重的是销售人员或公司的态度。作为销售员，如果能抱着尊重的态度，认真听他们说话，在很多时候，异议也就化解了。

3. 先肯定客户的异议

使用先肯定后否定的迂回战术，销售员能够既表达自己的观点，又不伤害与客户之间的关系，自然销售工作能够继续开展下去，这也是优秀销售员在面对客户提出异议时经常使用的方法。

客户："现在的学生根本不认真读书，连学校的课本都不愿读，哪里会看课外读物？"

销售员："是啊，现在的孩子是不怎么喜欢读书，正是考虑到这点，我们在策划图书的时候，就做到了形式新颖，内容丰富，孩子们一见就会喜欢上它……"

对客户提出的反对意见先给予肯定，这种方式比较适用于那些客户并不十分坚持的反对意见，这些意见大多是客户拒绝的借口，或者只是产品上的一点小问题等。

4.用事实说话

很多时候，客户有异议是因为听信了某些不实的传言，或者是出于一些自身认识的原因。对于这样的客户，我们要明白，事实胜于雄辩，让客户彻底信服就是用事实说话，用真实、准确、全面的知识和数据来说服客户，从而改正客户的错误观点。

总之，不管客户存在什么样的异议，不管发生什么样的事情，销售员都不能直接反驳客户，而要使用正确的方法加以处理，保持销售员应有的素质。

唯有耐心倾听，才能化解抱怨

从事销售工作的人大概都知道：任何一件产品，即使做工再精细，也不可能完美无瑕；另外，由于使用不当或者售后等方面的问题，导致了客户的抱怨甚至投诉。面对这些问题，可能有些销售人员会认为，我只负责销售，把产品卖出去就万事大吉了。于是，他们把责任推卸到公司或者售后部门。也有一些销售人员认为客户的抱怨实际上就是找茬、无理取闹。这两种态度都是不可取的。

被誉为"经营之神"的日本企业家松下幸之助曾说过："对待有抱怨的顾客一定要以礼相待，耐心听取对方的意见，并尽量使他们满意而归。因为他们将会为你的产品做免费的宣传和推销。"作为销售员，我们应该理解客户，并注意自己的态度，认真倾听客户的抱怨，以真诚的语言打动客户，让客户尽量把自己的怨气撒出来，只有这样才能为客户提供优质的服务，同客户建立长久的合作关系。

一天，某饮料公司经理办公室突然闯进一位先生，他直接对经理大喊大叫："你们哪里是饮料公司，简直是要命公司！只顾着自己赚钱，都掉进钱眼里了！你们眼里还有消费者吗？万一你们的产品把我们消费者喝出个好歹来，看你们怎么收拾！没有一点社会责任感！典型的奸商！"秘书立即准备叫保安，但被经理拦下了。

这位经理不紧不慢地说道："先生，究竟发生了什么事情，请您告诉我，好吗？"

"你自己看吧，饮料居然是变质的，这简直是谋杀，我要告你们！"这位把一个饮料瓶重重放在办公桌上。

经理拿起瓶子一看："怎么会发生这种事，这太不应该了，先生，这都是我们的错！"他立刻拉住对方的手，"请你快告诉我，您家人有没有不良反应？咱们现在马上送他们到医院治疗。"

这时，这位先生的火气消了些，说："没有人不舒服。"

听了这话，经理显得轻松了很多，然后对对方表示歉意，并愿意赔偿消费者的损失，并表态，以后会杜绝这种事情的发生。最终，这位先生的火气全消了，满意地离去。

其实，有时候，客户抱怨的并不是什么大问题，只是希望获得一个满意的答复。这时，就要看我们的态度了，这才是客户最在意的。此时，如果我们能够抱着尊重他们的态度，认真倾听他们的抱怨，并适当表达安慰和同情，他们一定会把我们当成朋友，情绪自然也会缓和卜来，这样，很多问题就已经解决了。

那么，销售人员该如何在言语间春风化雨，成功让客户把怨气撒出来，进而解决客户的抱怨呢？

1.保持微笑

无论顾客此时的情绪多么激动，你的微笑都能让他的坏情绪冷却下来。俗话说"伸手不打笑脸人"，微笑是矛盾最好的缓和剂。即使客户的抱怨再怎样咄咄逼人、不堪入耳，销售员也要时刻保持微笑和心平气和的状态。

2.态度真诚，倾听为首

一般来说，客户产生抱怨，说明已经对我们的产品或服务态度产生怀疑，此时，我们要想重新赢得客户的信任和认可，就需要以真诚的服务态度打动客户的心。比如，我们应该用关怀的眼神看着客户，耐心倾听，并以真诚、认真的态度回应客户，如："您的意思是因为……而觉得很不满，是吗？""总体来讲，主要有如下几点令您不满意……是吗？"而如果我们不能做到这点，在处理抱怨的时候心不在焉，敷衍塞责，那么只能火上浇油，不仅得不到客户的信任，还会招致客户反感，甚至影响到客户对产品的认同。

3.平常心对待，言语平稳，不可紧张

处理客户的抱怨时，销售员必须以平常心看待抱怨电话以及客户本身，不要存在紧张或害怕的心理，更不要觉得是客户在找麻烦，而要用一种对待一般客户的方式和态度来对待客户的抱怨。这样，你就会情绪稳定，语调平稳，从而流畅地与客户对话。

4.声调清晰，表达清楚

声音到底会有多大的影响力？据说，曾经有一位法国演员仅仅在餐厅朗读了菜单，就令周围的人感动不已。声音可以说是处理客户抱怨一个重要的技巧。销售员的回答对于抱怨的客户来说，有非常大的影响力，因此要有意识地做出适当的调整。

处理客户投诉时，如果我们能用清晰的吐字，爽朗的语调来应对客户的话，那么，即使客户情绪再差，也会心情逐渐转好。所以，练好说话的声音和语调对于销售员应对客户沟通和投诉也是必要的。试想，作为客户，如果遇上一个负责处理抱怨的人语气生硬，且每句话的结尾都模糊不清的话，那就连一点交谈的兴致都没有了，这样会令客户越来越想挂断电话，问题也只会变得越来越麻烦。

5.感谢客户提出问题

客户抱怨时，我们不但不可反驳，还要感谢客户提出问题，因为客户愿意花时间和精力来抱怨，让自己有改进的机会。对客户表示感谢，能让客户感受到你的素质，客户的情绪也就缓和下来了。

6.表达歉意

一旦发现是自己造成的错误，要赶快真诚致歉，即使错误与自己无关，也要对客户的麻烦表示同情和歉意，例如，"很抱歉让您这么不高兴……"

7.承诺立即处理

在客户发泄完自己的不满后，我们在道歉时，一定要积极表示处理事情的诚意，如"我一定会尽快帮您处理这个状况……"当然，这并不是一句空话，销售员需要及时为客户处理，能够马上解决就马上解决，不能当场解决的，要记下关于客户提出抱怨的日期、情况等，并给出客户处理的承诺。

参考文献

[1] 吴英绪. 倾听力[M]. 北京：民主与建设出版社，2021.

[2] 沃尔文，科克利，吴红雨. 倾听的艺术：第5版[M]. 上海：复旦大学出版社，2010.

[3] 永松茂久. 高效倾听：成功人士的38种倾听技巧[M]. 陈智慧，译. 北京：中国科学技术出版社，2023.

[4] 文戈谢. 学会倾听[M]. 高宏，译. 北京：机械工业出版社，2022.